Zusatzförderung von Risikokindern

Zusatzförderung von Risikokindern

Handreichung für pädagogische Fachkräfte
im Übergang vom Elementar- zum Primarbereich

von

Marcus Hasselhorn, Jan-Henning Ehm,
Hanna Wagner, Wolfgang Schneider
und Hermann Schöler

HOGREFE

GÖTTINGEN · BERN · WIEN · PARIS · OXFORD · PRAG
TORONTO · BOSTON · AMSTERDAM · KOPENHAGEN
STOCKHOLM · FLORENZ · HELSINKI

Prof. Dr. Marcus Hasselhorn, geb. 1957. 1977–1983 Studium der Psychologie und Pädagogik. 1986 Promotion. 1993 Habilitation. 1993–1997 Professor für Entwicklungspsychologie an der TU Dresden. 1997–2007 Leiter der Abteilung Pädagogische Psychologie und Entwicklungspsychologie an der Universität Göttingen. Seit 2007 Leiter der Arbeitseinheit Bildung und Entwicklung am Deutschen Institut für Internationale Pädagogische Forschung (DIPF) in Frankfurt am Main.

Dr. Jan-Henning Ehm, geb. 1982. 2003–2009 Studium der Psychologie in Würzburg. 2009–2012 wissenschaftlicher Mitarbeiter in der Abteilung Bildung und Entwicklung des Deutschen Institutes für Internationale Pädagogische Forschung (DIPF) in Frankfurt am Main. 2012 Promotion. Seit 2012 Habilitationsstelle am DIPF. Forschungsschwerpunkte: Selbstkonzept von Grundschulkindern und Vorläuferfertigkeiten des Schriftspracherwerbs.

Dipl.-Psych. Hanna Wagner, geb. 1980. 2001–2008 Studium der Psychologie, Politikwissenschaften und Pädagogik in Göttingen. Seit 2008 wissenschaftliche Mitarbeiterin am Deutschen Institut für Internationale Pädagogische Forschung (DIPF) in Frankfurt am Main. Arbeitsschwerpunkte: Sprach- und Schriftspracherwerb sowie Selbstkonzeptentwicklung.

Prof. Dr. Wolfgang Schneider, geb. 1950. 1969–1975 Studium der Psychologie, Theologie und Philosophie. 1976–1981 wissenschaftlicher Mitarbeiter am Psychologischen Institut der Universität Heidelberg. 1979 Promotion. 1981–1982 Visiting Scholar an der Stanford University (USA). 1982–1991 wissenschaftlicher Mitarbeiter am Max-Planck-Institut für psychologische Forschung in München. 1988 Habilitation. 1990–1991 Vertretung und seit 1991 Inhaber des Lehrstuhls für Pädagogische und Entwicklungspsychologie an der Universität Würzburg.

Prof. i. R. Dr. Hermann Schöler, geb. 1946. 1967–1972 Studium der Psychologie in Marburg und Freiburg. 1972 bis 1982 wissenschaftlicher Mitarbeiter an den Universitäten Heidelberg und Mannheim. 1981 Promotion. 1982–2011 Professur für Psychologie der Lernbehinderten und für Entwicklungspsychologie der frühen und mittleren Kindheit an der Pädagogischen Hochschule Heidelberg. Forschungsschwerpunkte: Diagnostik und Störungen des Sprach- und Schriftspracherwerbs.

© 2015 Hogrefe Verlag GmbH & Co. KG
Göttingen · Bern · Wien · Paris · Oxford · Prag · Toronto · Boston
Amsterdam · Kopenhagen · Stockholm · Florenz · Helsinki
Merkelstraße 3, 37085 Göttingen

http://www.hogrefe.de
Aktuelle Informationen · Weitere Titel zum Thema · Ergänzende Materialien

Umschlagillustration: © scusi0-9 – pixmac.de
Satz: ARThür Grafik-Design und Kunst, Weimar
Druck: Media-Print Informationstechnologie, Paderborn
Printed in Germany
Auf säurefreiem Papier gedruckt

ISBN 978-3-8017-2573-0

Inhaltsverzeichnis

CD-ROM

Die CD-ROM enthält PDF-Dateien verschiedener Materialien, die für die Durchführung der Übungen bzw. des Trainingsprogrammes verwendet werden können.

Die PDF-Dateien können mit dem Programm Acrobat® Reader (eine kostenlose Version ist unter www.adobe.com/de/products/reader.html erhältlich) gelesen und ausgedruckt werden.

Vorwort

Die vorliegende Handreichung entstand im Rahmen der wissenschaftlichen Begleitung des Projektes „Schulreifes Kind", die wir zwischen 2007 und 2013 an 30 Standorten in Baden-Württemberg durchgeführt haben. Sie wurde als Grundlage für die Fortbildung von pädagogischen Fachkräften aus Kindertageseinrichtungen (KiTas) und Lehrkräften verfasst, die in der Kooperation zwischen Grundschule und KiTa in den Eingangsklassen und in den Grundschulförderklassen tätig sind. Im Sinne einer sekundären Prävention fokussiert die Handreichung auf die in den letzten Jahrzehnten zunehmende Anzahl von Kindern mit schulrelevanten Entwicklungsauffälligkeiten, deren erfolgreiche Teilhabe an der Schule gefährdet ist. Sie zeigt einen erfolgversprechenden Weg zur Koordination und Gestaltung der gemeinsamen Anstrengungen von Eltern und pädagogischen Fachkräften in KiTas und Grundschulen auf, wenn trotz vielfältiger entwicklungsförderlicher Bemühungen am Ende des vorletzten Kindergartenjahres deutliche bildungsrelevante Entwicklungsrisiken bei einem Kind feststellbar sind. Die Umsetzung der in dieser Handreichung skizzierten Zusatzförderung trägt auch zur Umsetzung eines inklusiven Bildungssystems bei, indem sie frühzeitig und gezielt Barrieren für die erfolgreiche soziale Teilhabe an Schule und anderen gesellschaftlichen Bereichen abbaut. Der bevorzugte Zeitraum für die praktische Umsetzung der zusätzlichen Förderung liegt in den letzten 1 ½ Jahren vor der Einschulung. Das Gesamtkonzept bezieht Kinder zwischen 4 und 8 Jahren ein.

Beschrieben wird in dieser Handreichung eine Auswahl von Förderansätzen, deren Wirkungspotenzial im Rahmen zusätzlicher Kleingruppenförderung empirisch nachgewiesen ist. Mit Bedacht haben wir uns dabei auf die im Rahmen der wissenschaftlich begleiteten Erprobung des Konzeptes in Baden-Württemberg nachweislich bewährten Ansätze beschränkt. Dies schließt nicht aus, dass die Förderziele auch über alternative Ansätze erreichbar sind – wir wissen dies allerdings nicht mit dem Grad an Sicherheit, den wir zur Wirksamkeit der hier dargelegten Förderansätze haben.

Wir sind uns darüber im Klaren, dass nicht alle schulrelevanten Entwicklungsrisiken Eingang in die Konzeption und damit in die Handreichung gefunden haben. Dies gilt insbesondere für den Bereich der Sprachauffälligkeiten bei Kindern mit Deutsch als Zweitsprache, was für die betroffenen Kinder zweifellos ein ausgesprochen schulrelevantes Entwicklungsrisiko darstellt. Für diesen Bereich ist es allerdings notwendig, dass man früh intensive Sprachförderung anbietet und nicht bis zum letzten Jahr vor der Einschulung mit gezielten Fördermaßnahmen wartet. Außerdem setzt man gegenwärtig – etwa im bundesweiten Programm „Offensive frühe Chancen" – in diesem Herausforderungsfeld auf früh einsetzende alltagsintegrierte Förderkonzepte, die nicht Gegenstand dieser Handreichung sind, deren Umsetzung jedoch eine weitere Gelingensbedingung der hier skizzierten Konzeption darstellt.

Was Sie in der vorliegenden Schrift finden, sind die Bausteine einer empirisch bewährten Konzeption zur *Zusatzförderung* von Kindern mit Entwicklungsrisiken, die das Potenzial hat, Kindern dazu zu verhelfen, dass sie noch vor der Einschulung ihre Entwicklungsrückstände aufholen und somit mit höherer Wahrscheinlichkeit erfolgreich am gesellschaftlichen System Schule teilhaben werden. Die Konzeption selbst wurde unter Federführung des Ministeriums für Kultus Jugend und Sport in Baden-Württemberg von der dortigen AG „Frühkindliche Bildung" entwickelt.

Nicht nur den Entstehungsprozess dieser Handreichung, sondern auch die dazu im Rahmen des Projektes „Schulreifes Kind" ausdifferenzierte und erprobte Konzeption haben viele Personen über einen langen Zeitraum kritisch-konstruktiv begleitet. Diesen Personen gilt unser herzlicher Dank. Allen voran ist hier Frau Christa Engemann (Ministerium für Kultus Jugend und Sport) zu nennen, die von Anfang an unsere „wissenschaftliche Begleitung" mit großem Sachverstand und Engagement und einer Mischung aus kritischer Reflexion und großem Vertrauen in jeden unserer Schritte, begleitet hat. Nicht zuletzt war sie es, die die Erstellung dieser Handreichung angeregt hat und während ihrer Entstehung immer wieder für geeignete Diskussionskontexte gesorgt hat, um die Passung der Handreichung für die Praxis zu optimieren. Ohne sie gäbe es heute diese Handreichung sicherlich nicht.

Unser Dank gilt auch Herrn Peter Burkhardt (Pragschule Stuttgart), Frau Christa Buttermann (Evangelischer Landesverband – Tageseinrichtungen für Kinder in Württemberg e. V.), Herrn Horst-Dieter Gerold (Auchtertschule Reutlingen-Degerschlacht), Frau Dr. Dietlinde Granzer (Regierungspräsidium Stuttgart), Herrn Klaus Lindner (Mörikeschule Backnang), Frau Barbara Schrade (Regierungspräsidium Freiburg), Herrn Uli Simon (Stadt Stuttgart), Frau Dr. Uschi Traub (Sozialministerium), Frau Ursula Vaas-Hochradl (Landesverband Kath. Kindertagesstätten), Frau Elke Weccard (Staatliches Schulamt Göppingen), Frau Anke Zürcher (Ministerium für Kultus, Jugend und Sport -Kompetenzzentrum Schulpsychologie) und vielen weiteren Personen für die hilfreichen Hinweise zu früheren Fassungen dieser Handreichung.

Frankfurt, Würzburg und Heidelberg im Mai 2014

Marcus Hasselhorn
Jan-Henning Ehm
Hanna Wagner
Wolfgang Schneider
Hermann Schöler

1 Der Baden-Württembergische Ansatz zur kompensatorischen Förderung: Ziele, Konzeption und Potenziale

Dieses Kapitel informiert über den Entstehungshintergrund des in dieser Handreichung dargestellten Ansatzes, seine Ziele, die organisatorische Konzeption und die in der wissenschaftlichen Begleitung identifizierten Potenziale. Die gezielte Zusatzförderung von Kindern mit festgestellten schulrelevanten Entwicklungsrisiken ergänzt das Spektrum frühkindlicher Bildungsmaßnahmen in wirksamer Weise und trägt somit dazu bei, dass möglichst viele Kinder rechtzeitig ihre für eine erfolgreiche Bewältigung schulischer Anforderungen relevanten Potenziale entwickeln können.

Im letzten Jahr vor der Einschulung wächst bei den meisten Kindern die Vorfreude auf die Schule. Dennoch ist der Übergang von der KiTa in die Grundschule für die Kinder eine ganz besondere Herausforderung und wichtige Entwicklungsaufgabe, die es erfolgreich zu bewältigen gilt. Ob dies im Einzelfall gelingt, hängt von einer Reihe von Faktoren ab. Ein besonders bedeutsamer Faktor ist dabei die Kooperation zwischen Elternhaus, Kindertageseinrichtung und Grundschule. Dies ist seit langem bekannt und hat dazu geführt, dass die pädagogischen Fachkräfte aus der KiTa gemeinsam mit den Lehrerinnen der Grundschule und den Eltern daran arbeiten, diesen Übergang gezielt vorzubereiten, um den Kindern damit eine erfolgreiche Bewältigung der Anforderungen in der Schule zu ermöglichen.

Eine gute Arbeit in den KiTas und eine enge Kooperation zwischen KiTa und Grundschule führen dazu, dass vielen Kindern eines Jahrganges der Übergang in die Grundschule gut gelingt. Allerdings ist in jüngerer Zeit der Anteil der Kinder mit Entwicklungsrisiken und somit mit besonderem Unterstützungsbedarf deutlich angewachsen. Um die Chancen auf einen erfolgreichen Schulstart auch für diese Kinder zu verbessern, hat das Land Baden-Württemberg ein Konzept der gezielten kompensatorischen Zusatzförderung im letzten Kindergartenjahr entwickelt und in einem Modellprojekt erprobt.[1] Dabei wird das Ziel verfolgt, Kinder mit Entwicklungsverzögerungen bzw. Entwicklungsrisiken durch eine gezielte Förderung möglichst gut auf die Schule vorzubereiten. Der wechselseitige Austausch und die fachliche Zusammenarbeit der pädagogischen Fachkräfte von KiTa und Schule sind dafür ebenso wichtige Voraussetzungen wie die vom

---

1 Wagner, H., Ehm, J.-H. & Hasselhorn, M. (2010). „Schulreifes Kind". *Lehren und Lernen, 36,* 8–10.

Ministerium für Kultus, Jugend und Sport Baden Württemberg im Eckpunkte-
papier vom 12. April 2010 festgehaltenen Leitlinien, mit denen das Motto „Kein
Kind soll verloren gehen"[2] umgesetzt werden soll:

• Die Kindertageseinrichtung als wichtigen Bildungsort von Anfang an im Bewusstsein verankern.
• Die große Chance in der Zusammenarbeit von Erzieherinnen und Lehrkräften
  sehen und in der Kooperation mit dem Öffentlichen Gesundheitsdienst stärken.
• Probleme nicht an den Migranten festmachen, sondern förderbedürftige Kinder unabhängig von ihrer Herkunft unterstützen.
• Jedes Kind achtsam begleiten und fördern.
• Eltern und Kinder in das Netzwerk der Förderung einbeziehen und Ausgren-
  zungen vermeiden.
• Jedem einzelnen Kind eine optimale Basis für einen gelingenden Schulstart
  geben.

Auf dem pädagogischen Fundament des baden-württembergischen Orientierungs-
plans[3] und unter systematischer Einbeziehung von Vertreterinnen/Vertretern
kommunaler und freier Trägerverbände sowie Expertinnen/Experten der Fach-
praxis einschließlich der Kooperationsbeauftragten KiTa-Grundschule und von
Elternvertreterinnen/-vertretern wurde ein entsprechendes Förderkonzept erprobt
und optimiert. Dabei entstand ein Förderkonzept zur Verbesserung des Über-
gangs von der KiTa in die Grundschule. Es sieht vor allem drei wesentliche Bausteine vor:

(1) Kinder mit unterschiedlichen Entwicklungsverzögerungen und gesundheitlichen Beeinträchtigungen, Kinder mit besonderem Unterstützungsbedarf sowie
Kinder mit geringen familiären Entwicklungsmöglichkeiten sollen frühzeitig als
Kinder mit relevanten Entwicklungsrisiken erkannt werden, um sie besser auf
die Schule vorzubereiten. Erreicht werden soll dies durch eine gezielte *Zusatzförderung* der betroffenen Kinder in Ergänzung zum alltagsintegrierten Förder-
angebot der KiTa und die Zusammenarbeit von Grundschule und KiTa.

(2) Der zweite wichtige Baustein bezieht sich auf ein Schlüsselelement zur Umsetzung der Bildungs- und Erziehungspartnerschaft zwischen Eltern, Erzieherinnen und Grundschullehrerinnen: die gemeinsamen „Runden Tische". Ein Jahr
vor der geplanten Einschulung evaluieren hier alle Expertinnen und Experten für
das Kind den zusätzlichen Förderbedarf der Kinder mit Verdacht auf ein schul-

---

2 Engemann, C. (2006). Kein Kind soll verloren gehen! Kooperation zwischen Kindergärten und Schulen wird groß geschrieben. *Magazin Schule, 18,* 14–15.
3 Ministerium für Kultus, Jugend und Sport, Baden-Württemberg (2011). Orientierungsplan
   für Bildung und Erziehung in baden-württembergischen Kindergärten und weiteren Kindertageseinrichtungen.

relevantes Entwicklungsrisiko. Zur Entscheidung über den Zusatzförderbedarf des einzelnen Kindes ist es hilfreich, im vorletzten Kindergartenjahr (etwa 24 bis 15 Monate vor der Einschulung) über die Nutzung eines umfassenden Entwicklungsscreenings gezielte Hinweise zu erhalten, für welches Kind zusätzlicher Förderbedarf besteht und in welchem Bereich eine Zusatzförderung erforderlich ist. Liegen diagnostische Informationen über die Kinder vor, sollten sie in die Entscheidung am Runden Tisch mit einbezogen werden. Neben pädagogischen Fachkräften aus den Kindertageseinrichtungen, Lehrkräften und den Eltern können zusätzlich Vertreterinnen und Vertreter von Frühförderstellen, psychologischen Beratungsstellen u. Ä. hinzugezogen werden. Auf Basis aller verfügbaren Informationen soll so für jedes Kind, bei dem Eltern oder Fachkräfte Sorge haben, dass relevante Entwicklungsrückstände vorliegen, am Runden Tisch entschieden werden, ob und ggf. welche Zusatzförderung angemessen ist.

(3) Der dritte zentrale Baustein des Förderkonzeptes besteht schließlich in der konkreten Zusatzförderung der Kinder mit Entwicklungsrisiken. Dazu werden etwa in Baden-Württemberg nach den individuellen Entscheidungen am Runden Tisch Präventivgruppen mit jeweils etwa sechs Kindern mit Entwicklungsrisiken gebildet. Im Verlauf des letzten Kindergartenjahres werden diese Kinder im Rahmen eigens dafür geplanter Zeitfenster von etwa vier bis acht Stunden pro Woche regelmäßig gefördert. In der Regel finden die Zusatzförderungen in kleineren Gruppen in der Kindertageseinrichtung statt. Je nach den örtlichen Gegebenheiten und Möglichkeiten können aber auch Präventivklassen in der Grundschule organisiert werden. Bei der Gestaltung der zusätzlichen Fördermaßnahmen sind die pädagogischen Fachkräfte aus der KiTa oder der Grundschule, die mit der Durchführung beauftragt werden, prinzipiell frei. Die Förderschwerpunkte richten sich nach den jeweiligen Bedürfnissen der Kinder, wobei besonders auf die zentralen Bereiche Sprache, Vorläuferfertigkeiten der Schriftsprache, frühe mathematische Kompetenzen, Denken und Konzentration geachtet wird. Liegt beim Kind auch sprachlicher Förderbedarf vor, sollten die zusätzlichen Fördermaßnahmen mit den jeweiligen Sprachförderangeboten abgestimmt werden. Die vorliegende Handreichung stellt ausgewählte Maßnahmen oder Ansätze für eine zusätzliche Förderung dar, für die es wissenschaftlich fundierte empirische Belege ihrer Wirksamkeit gibt.

Welche zeitlichen Abläufe entstehen nun aus der Umsetzung dieses Förderkonzeptes für die Beteiligten in den Einrichtungen? Abbildung 1 liefert hierzu einen schematischen Überblick.

An dem im Jahr 2006 gestarteten Modellprojekt zur Erprobung dieses Förderkonzeptes beteiligten sich zunächst KiTas und Grundschulen aus 50 Standorten. Bereits ein Jahr später entschieden sich die Einrichtungen an weiteren 195 Standorten, ebenfalls das Konzept umzusetzen. Innerhalb des Modellprojekts konnten die beteiligten Standorte sich abhängig von den Gegebenheiten vor Ort für unter-

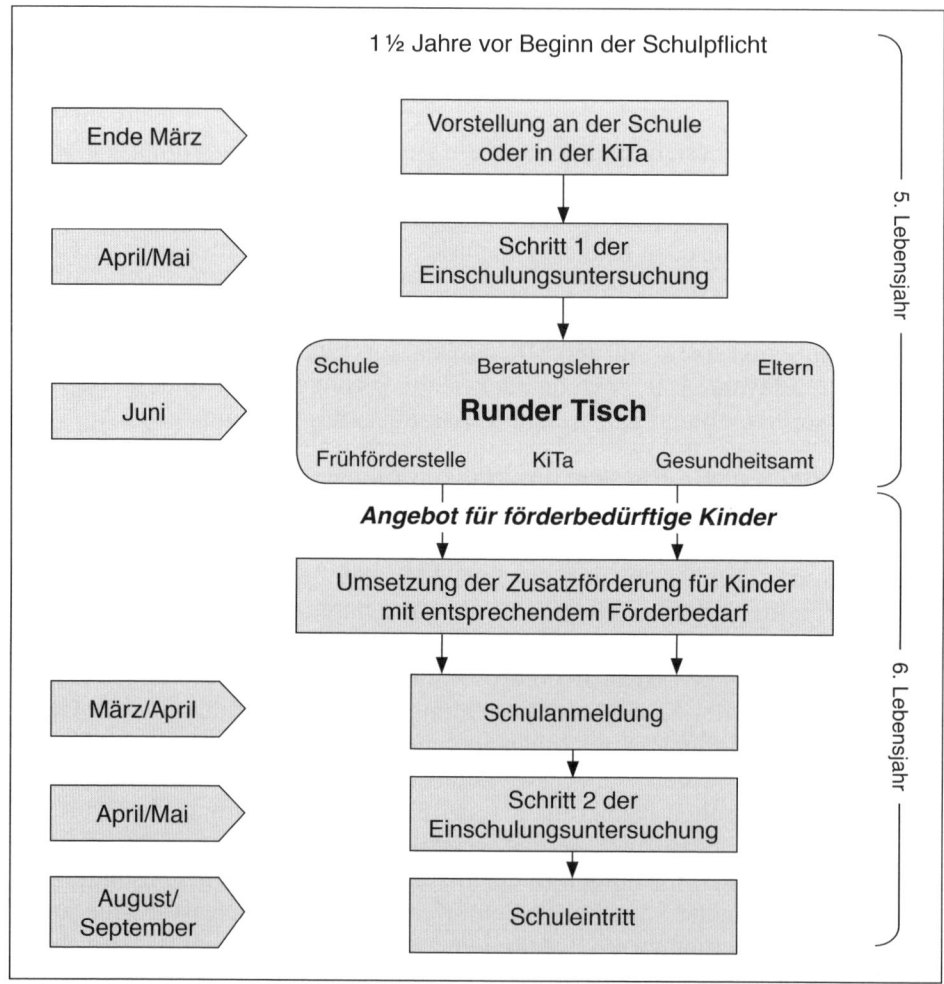

Abbildung 1: Zeitlicher Ablauf der in Baden-Württemberg realisierten Umsetzung des Konzeptes zur kompensatorischen Zusatzförderung von Kindern mit schulrelevanten Entwicklungsrisiken (nach Engemann, 2006)[4]

schiedliche Modellvarianten entscheiden. Diese unterschieden sich in Bezug auf den Förderort, den Förderumfang, die Gruppengröße und das Förderpersonal.

Um die Wirkfaktoren und Potenziale dieses Förderkonzeptes genau abschätzen zu können, wurde die Umsetzung zwischen 2007 und 2013 ausführlich wissenschaftlich evaluiert. So wurden beispielsweise 2007 und 2010 in mehr als 200 Kinder-

---

4 Engemann, C. (2006). Kein Kind soll verloren gehen! Kooperation zwischen Kindergärten und Schulen wird groß geschrieben. *Magazin Schule, 18,* 14–15.

gärten die Erzieherinnen und Eltern schriftlich zu ihren Erfahrungen mit den „Runden Tischen" befragt. Dabei zeigte sich, dass es in der Startphase des Projektes noch mancherorts Schwierigkeiten gab, die Eltern regelmäßig bei den Gesprächen am Runden Tisch einzubeziehen. Diese Anfangsschwierigkeiten wurden allerdings rasch überwunden. Die erneute Befragung von Eltern, Erzieherinnen und Grundschullehrerinnen im Jahr 2010 zeigte eindrucksvoll, dass die überwiegende Mehrheit der befragten Eltern, Erzieherinnen und Grundschullehrkräfte mit der Einrichtung und den Ergebnissen des Runden Tisches hochzufrieden sind. Außerdem war festzustellen, dass die Beteiligung der Eltern mittlerweile die Regel war. Die betroffenen Eltern berichteten, ausreichend Informationen und Angebote zu erhalten und in die Aktivitäten rund um die zusätzliche Förderung ihrer Kinder eingebunden zu werden.

Um das Projekt stetig zu verbessern, wurden Mitte November 2009 „*Stimmen aus der Praxis*" durch einen Fragebogen in Form einer freiwilligen Auskunft der einzelnen Einrichtungen erfasst. Dazu wurde ein Fragebogen an insgesamt 857 Einrichtungen verschickt (692 Kindergärten und 265 Grundschulen). Eine zentrale Frage war dabei die nach der Fortführung des Projekts. Weiterhin wurde gefragt, was besonders zum Gelingen des Projekts beitrage und erhaltenswert sei. Zudem sollten Bereiche genannt werden, bei denen aus Sicht der Fachkräfte besonderer Veränderungsbedarf besteht. Als besonders bedeutsam für das Gelingen des Projekts wurde mehrheitlich der Austausch zwischen KiTa und Grundschule und den Eltern der Kinder genannt. Entsprechend wurden als erhaltenswerte Aspekte des Projekts der Austausch zwischen Schule-KiTa-Eltern, die Förderung in kleinen Gruppen, der Runde Tisch und der so eingeleitete sanfte Übergang von KiTa zur Schule häufig genannt. Insgesamt belegen die „Stimmen aus der Praxis", dass das in dieser Handreichung beschriebene Förderkonzept zu einer positiven und nachhaltigen Veränderung der frühkindlichen Bildung geführt hat, dessen Fortführung und Ausweitung in der Praxis ausdrücklich erwünscht ist.

Schließlich wurden im Rahmen einer umfangreichen Längsschnittuntersuchung mit etwa 1.000 Kindern des Einschulungsjahrganges 2009 auch Wirkfaktoren und Potenziale des Ansatzes untersucht. Die Ergebnisse belegen eindeutig die Wirksamkeit der zusätzlichen Förderung. So kommt es im letzten Kindergartenjahr zu nachweislichen kompensatorischen Effekten bei einer Reihe sprachlicher sowie früher mathematischer Kompetenzen. Die Effekte fielen besonders hoch in Einrichtungen aus, in denen die Fachkräfte an einem begrenzten Coaching begleitend zur selbst durchgeführten Zusatzförderung teilnahmen. Auch die Rückstellungsquote von Kindern mit schulrelevanten Entwicklungsauffälligkeiten konnte deutlich reduziert werden. Die Mehrzahl der nach Zusatzförderung fristgerecht eingeschulten Kinder nahm erfolgreich am Grundschulunterricht teil und erreichte am Ende der Grundschuljahre Leistungen im Lesen, Rechtschreiben und in der Mathematik, die den Bildungsstandards entsprechen. Positive Neben-

effekte zeigten sich darüber hinaus ab Mitte der Grundschuljahre im sozio-emo-
tionalen Bereich: So profitierten Kinder mit früh diagnostiziertem schulischen
Entwicklungsrisiko von der Zusatzförderung im letzten Kindergartenjahr nicht
nur langfristig im schulischen Leistungsbereich, sondern auch hinsichtlich eines
positiven sozialen Selbstkonzeptes.[5]

Alle drei Bausteine des Ansatzes tragen zu seiner Wirkung bei: die frühe zielge-
richtete Diagnostik, die Reflexion über weitere Fördermöglichkeiten für jedes
einzelne Kind mit schulrelevanten Entwicklungsauffälligkeiten an den Runden
Tischen sowie das gezielte Fördern mit empirisch bewährten Förderstrategien.
Besondere Potenziale für eine wirksame Umsetzung des hier dargestellten Ansatzes liegen in einer Schulung mit besonderem Fokus auf geeigneten Förderstrategien bei bekannten diagnostischen Ergebnissen, in der engen und persön-
lichen Zusammenarbeit zwischen Fachkräften der KiTa und der Grundschule
sowie im Aufbau eines beratenden Stützsystems zur Reflexion der Förderfort-
schritte im Alltag.

5 Hasselhorn, M., Schöler, H., Schneider, W., Ehm, J.-H., Johnson, M., Keppler, I. et al.
   (2012). Gezielte Zusatzförderung im Modellprojekt „Schulreifes Kind". Auswirkungen
   auf Schulbereitschaft und schulischen Lernerfolg. *Frühe Bildung, 1*, 3–10.

2 Schulbereitschaft

Im siebten Lebensjahr kommen die meisten Kinder in die Schule. Die dort auf sie wartenden neuen Herausforderungen können sie erfolgreich bewältigen, wenn sie eine Reihe unterschiedlicher Fertigkeiten und Kompetenzen hinreichend gut ausgebildet haben. Man spricht in diesem Zusammenhang auch von der Schulbereitschaft des Kindes. Zur Schulbereitschaft zählen motorische Fertigkeiten sowie sozio-emotionale, volitional-motivationale und kognitive Kompetenzen. Welche dies im Einzelnen sind, hängt auch von der Schule und ihren Anforderungen ab. In diesem Kapitel wird die Entstehungsgeschichte des Begriffs der Schulbereitschaft nachgezeichnet und dabei der Fokus auf die individuellen kognitiven Kompetenzen gelenkt.

Bildungsbiografien beginnen nicht erst mit der Einschulung. So besitzen Kinder, die vor der Einschulung mehr als ein Jahr eine Kindertageseinrichtung besucht haben, am Ende der Grundschulzeit eine höhere Lesekompetenz als Kinder, die gar nicht oder höchstens ein Jahr eine KiTa besucht haben.[6] Auch wenn dieser positive Effekt für Kinder aus bildungsfernen Haushalten und aus Familien, bei denen zu Hause nicht Deutsch gesprochen wird, geringer ausfällt, belegt er doch, dass der KiTa-Besuch den Erwerb schulischer Kompetenzen offenbar fördert. So ist es nur folgerichtig, dass den Bildungsaufgaben der KiTa immer mehr Aufmerksamkeit gewidmet wird. In nahezu allen Bundesländern wurden in den letzten Jahren Bildungspläne mit besonderer Berücksichtigung der Jahre vor der Einschulung verabschiedet. In dem Baden-Württemberger Orientierungsplan für Bildung und Erziehung ist beispielsweise festgehalten, dass in der KiTa auf nicht weniger als sechs Bildungs- und Entwicklungsfelder jedes einzelnen Kindes Einfluss genommen werden soll: (1) Körperbewusstsein, (2) Sinnesschärfung, (3) Sprachbeherrschung, (4) Denkentfaltung, (5) Gefühl und Mitgefühl und (6) Sinn, Werte und Religion.[7]

Alle diese Bereiche tragen zur Schulbereitschaft von Kindern bei. Sie zu fördern geschieht mit dem Ziel, bei jedem Kind die individuellen Potenziale so zur Entfaltung zu bringen, dass es den Schuleinstieg erfolgreich bewältigt. Die Frage, ob ein Kind bei Erreichen der gesetzlichen Schulpflicht die individuellen Vor-

---

6 Autorengruppe Bildungsbericht (2008). *Bildung in Deutschland 2008. Ein indikatorengestützter Bericht mit einer Analyse zu Übergängen im Anschluss an den Sekundarbereich II.* Bielefeld: Bertelsmann.
7 Ministerium für Kultus, Jugend und Sport, Baden-Württemberg (2011). *Orientierungsplan für Bildung und Erziehung in baden-württembergischen Kindergärten und weiteren Kindertageseinrichtungen.*

aussetzungen für einen erfolgreichen Schulbesuch entwickelt hat, ist unter den Begriffen „Schulreife", „Schulfähigkeit" und „Schulbereitschaft" immer wieder neu diskutiert worden. Der historisch ältere Begriff der *Schulreife* entstand unter der Annahme, dass ein Kind einen bestimmten reifungsabhängigen Entwicklungsstand erreicht haben muss, um die Anforderungen des Anfangsunterrichts erfolgreich bewältigen zu können. Hat ein Kind diesen Entwicklungsstand bei Erreichen des Schulpflichtalters noch nicht erreicht – so die ursprüngliche Annahme – müsse ihm eine Zeit der „Nachreife" gewährt werden, in der die wichtigsten Entwicklungsschritte weitgehend ohne besonderes Zutun nachgeholt werden, etwa durch einen Verbleib in der KiTa für ein weiteres Jahr. Nicht zuletzt die positiven Erfahrungen mit einigen in den USA durchgeführten Förderprogrammen führten in den 1970er Jahren zu einem Umdenken. Diese hatten gezeigt, dass sich der kognitive Entwicklungsstand jüngerer Kinder durch gezielte Fördermaßnahmen beeinflussen lässt, also Kinder mit entsprechenden Entwicklungsrückständen durch geeignete frühe Förderung durchaus „befähigt" werden können.

In der Folge wurde das Schulreifekonzept durch den von impliziten Reifungsannahmen weniger belasteten Begriff der *Schulfähigkeit* abgelöst. Unter Schulfähigkeit wird dabei einerseits die Fähigkeit des Kindes verstanden, sich unter den Rahmenbedingungen der Schule die grundlegenden Fertigkeiten des Lesens, Schreibens und Rechnens anzueignen; andererseits aber auch die Fähigkeit der Schule, das Kind zu einem erfolgreichen Schulbesuch zu führen. Was diese Fähigkeit des Kindes (die der Schule lassen wir hier einmal außer Acht) allerdings genau ausmacht, lässt sich nicht eindeutig bestimmen. Die individuelle Schulfähigkeit ist nämlich nicht nur vom Entwicklungs- oder Förderstand eines Kindes abhängig, sondern auch von einer Reihe ökosystemischer Umweltfaktoren[8], zu denen auch die Qualität des schulischen Anfangsunterrichts gehört. Entsprechend gibt es seit Jahren zahlreiche intensive Bemühungen, um auch die Möglichkeiten und die Qualität individueller Förderung im Schulanfangsunterricht zu verbessern.

In der internationalen Fachdiskussion wurde im letzten Jahrzehnt dazu übergegangen, den Begriff der *Schulbereitschaft* zu verwenden, um die individuellen Voraussetzungen für einen erfolgreichen Schulstart zu charakterisieren und eine einseitige Betonung der kognitiven Voraussetzungen für einen erfolgreichen Schulstart zu vermeiden. Somit kommt besser zum Ausdruck, dass neben den kognitiven auch volitional-motivationale, sozial-emotionale und auch motorische Kompetenzen für eine erfolgreiche Bewältigung schulischer Anforderungen bedeutsam sind (siehe Abbildung 2).

---

8 Knörzer, W., Grass, K. & Schumacher, E. (2007). *Den Anfang der Schulzeit pädagogisch gestalten: Studien- und Arbeitsbuch für den Anfangsunterricht.* Weinheim: Beltz.

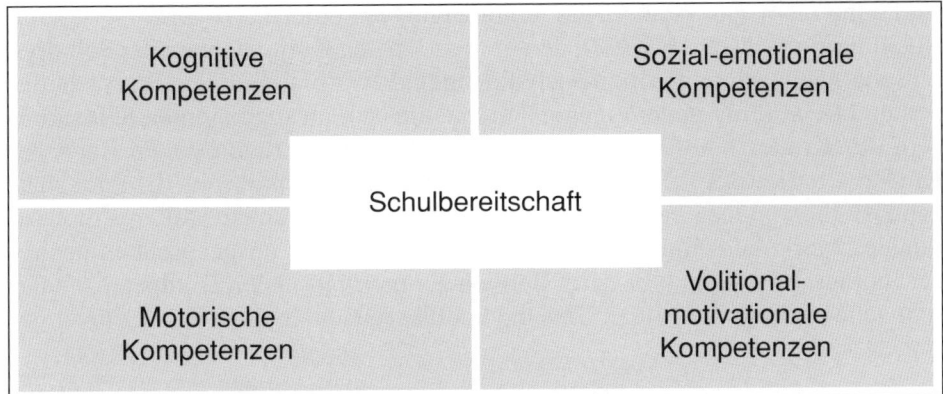

Abbildung 2: Individuelle Voraussetzungen der Schulbereitschaft

Was aber wissen wir über die individuellen Voraussetzungen von Kindern für einen erfolgreichen Schulbesuch und vor welchen Herausforderungen stehen die Kinder in den einzelnen Bereichen?

Im motorischen Bereich wird seit langem die Herausforderung unter anderem darin gesehen, mit Materialien wie Papier und Stift angemessen umzugehen. Während das Kleinkind noch aus dem Arm bzw. dem Schultergelenk heraus malt, nicht selten sogar mit dem ganzen Oberkörper, gelingt es den meisten Kindern gegen Ende der KiTa-Zeit immer besser, nur mit dem Unterarm, Handgelenk und schließlich den Fingern zu malen und zu schreiben. Um diese Entwicklungsaufgabe erfolgreich zu bewältigen, sind Kompetenzen in der visuo-motorischen Koordination sowie Finger- und Handgeschicklichkeit gefragt.

Zu den Entwicklungsaufgaben im sozial-emotionalen Bereich gehören im Zusammenhang mit dem Schuleintritt einerseits die Bewältigung des Beziehungsabbruchs zu den bisherigen Erzieherinnen und andererseits der Aufbau neuer Beziehungen zu Lehrerinnen und Mitschülerinnen und Mitschülern. Um diese Herausforderungen zu meistern, ist ein stabiles Selbstbewusstsein genauso wichtig wie ein gewisses Maß an Selbstständigkeit. Eine sichere und positiv erlebte Beziehung zu den Eltern und anderen Bezugsgruppen erweist sich für den Schuleintritt als besonders günstig.

Im volitional-motivationalen Bereich bestehen die Anforderungen insbesondere darin, sich an das neue, stärker arbeitsorientierte und strukturierte Umfeld anzupassen, in dem es gelegentlich auch zu Misserfolgs- und Frustrationserfahrungen kommt. Als volitionale Kompetenz wird dabei das Vermögen zur willentlichen Selbstkontrolle bezeichnet. Dazu gehört vor allem die Kontrolle eigenen Verhaltens wie beispielsweise die Fähigkeit zum sogenannten Belohnungsaufschub. Um diese Fähigkeit festzustellen, wird geprüft, ob Kinder in der Lage sind, eine sofortige, kleine Belohnung zugunsten einer verzögerten, größeren Belohnung aufzuschieben.[9] Zu den motivationalen Kompetenzen der Schulbereitschaft gehören schließlich auch die kindlichen Vorstellungen, Einschätzungen und Bewertungen der eigenen Person, die sich im sogenannten Selbstkonzept des Kindes niederschlagen. Fast alle Kinder verfügen gegen Ende der Kindergartenzeit über ein ausgesprochen positives Selbstkonzept, d. h. sie schätzen z. B. ihre eigenen Fähigkeiten als sehr hoch ein. Auch ein weiteres motivationales Merkmal – ihre Lernfreude – ist in der Regel ausgesprochen positiv ausgeprägt. Insgesamt gibt es im Bereich der motivationalen Kompetenzen nur sehr selten Anlass zur Sorge, dass die Schulbereitschaft eines Kindes nicht gesichert sei.

Dies ist deutlich anders im Bereich der kognitiven Kompetenzen. Die schulischen Herausforderungen im kognitiven Bereich sind vielfältig. Zunächst gilt es, sprachliche Anweisungen zu verstehen und zu befolgen. Hierzu sind ein ausreichendes Sprachverständnis und ein Grundwortschatz in der Schulsprache (also Deutsch) wichtig. Auch gehört es im Zusammenhang mit dem Schuleintritt zu den Entwicklungsaufgaben des Kindes, die eigenen Gedanken und Ideen zu formulieren. Schließlich gilt es vermehrt, kognitive Anforderungen zu bewältigen. Dies gelingt bei gutem Denk- und Aufmerksamkeitsvermögen besonders gut.

In den letzten Jahren wurde zudem viel Forschungsaufwand betrieben, um genauer zu verstehen, über welche kognitiven Voraussetzungen Kinder am Ende der Kindergartenzeit verfügen sollten, um mit großer Sicherheit erfolgreich die Kulturtechniken Lesen, Schreiben und Rechnen zu erwerben. In einer Reihe von Langzeitstudien wurde dazu nach charakteristischen individuellen Merkmalen bei Vorschulkindern gesucht, die besonders gut zur Vorhersage ihrer späteren schulischen Leistungen in den Bereichen Lesen, Schreiben und Rechnen geeignet sind. Dabei wurden spezifische Vorläuferfertigkeiten für den Erwerb der Schriftsprache identifiziert und entsprechende Verfahren zur Diagnostik dieser Fertigkeiten im Vorschulalter entwickelt. In ähnlicher Weise konnten auch frühe mathematische Kompetenzen identifiziert und darauf aufbauende Verfahren zur frühen Diagnostik entwickelt werden. Im Unterschied zum motivationalen Bereich sind Schwächen im Bereich der kognitiven Kompetenzen der häufigste Grund für frühen schulischen Misserfolg. Somit kommt diesen Facetten der Schulbereitschaft für die Praxis der Förderung von Kindern mit Entwicklungsrisiken eine ganz besondere Bedeutung zu. Gelingt es, Kindern die kognitiven Voraussetzungen für einen erfolgreichen Schulstart zu vermitteln, dann könnten voraussichtlich die meisten hartnäckigen Leistungsprobleme in der Grundschule vermieden, zumindest aber abgeschwächt werden.

---

9 Hasselhorn, M. & Gold, A. (2013). *Pädagogische Psychologie. Erfolgreiches Lernen und Lehren* (3., vollständig überarbeitete und erweiterte Auflage; Kap. 7.1). Stuttgart: Kohlhammer.

Die Sicherstellung der Schulbereitschaft mit all ihren Facetten bis zum Ende des letzten Kindergartenjahres gehört zu den zentralen Förderaufgaben von Kindertageseinrichtungen. In vielen Einrichtungen wird diese Aufgabe gut bewältigt: Die meisten Kinder eines Jahrganges erreichen vor Eintritt in die Schule ein hinreichendes Niveau an Schulbereitschaft. Kinder mit einem wenigstens zweijährigen Kindergartenbesuch zeigen in der Regel die sozial-emotionalen, volitional-motivationalen und kognitiven Kompetenzen, die für einen erfolgreichen Schulstart erforderlich sind. In zunehmendem Maße beobachten Fachleute allerdings Kinder, bei denen schulrelevante Entwicklungsrückstände auffallen. Dies trifft vor allem auf den Bereich der frühen kognitiven Kompetenzen zu. Auch die vorliegenden Langzeituntersuchungen zur Klärung der Frage, welche Merkmale der Schulbereitschaft am besten den individuellen schulischen Erfolg in den ersten Schuljahren vorhersagen können, kommen zu dem Ergebnis, dass dies vor allem die kognitiven Kompetenzen sind (neben den volitionalen Kompetenzen der Selbstkontrolle und Selbstdisziplin). Zu Recht wird daher nach Ansätzen gesucht, mit denen solche Entwicklungsrückstände erfolgreich kompensiert werden können. Auch in diesem Sinne hat sich der in Baden-Württemberg erprobte Ansatz als geeignet erwiesen (s. Kapitel 1). Insbesondere Kinder, die im vorletzten Kindergartenjahr auffällige Entwicklungsrückstände in den besonders schulrelevanten frühen Kompetenzen wie den erwähnten Vorläuferfertigkeiten aufweisen, können durch gezielte zusätzliche Fördermaßnahmen nachhaltig profitieren. In den weiteren Kapiteln dieser Handreichung wird dargelegt, welche frühen Kompetenzen für diesen Förderansatz besonders geeignet sind (Kapitel 3), wie festgestellt werden kann, ob bei einem Kind entsprechende Entwicklungsrückstände vorliegen (Kapitel 4) und wie erfolgreiche Zusatzförderung gestaltet werden kann (Kapitel 6).

3 Frühe kognitive Kompetenzen

Dieses Kapitel gibt einen Überblick über die individuellen kognitiven Kompetenzen, deren Verfügbarkeit entscheidend zur Schulbereitschaft beiträgt und auf die sich die Konzeption der in dieser Handreichung dargestellten Zusatzförderung für Kinder mit schulrelevanten Entwicklungsrisiken bezieht. Dazu zählen neben sprachlichen Kompetenzen die für den Erwerb der Schriftsprache besonders wichtigen Kompetenzen der sprachklanglichen (phonologischen) Verarbeitung, die frühen mathematischen Kompetenzen sowie bereichsübergreifende kognitive Kompetenzen des Denkens und der Aufmerksamkeit.

Frühe kognitive Kompetenzen – so haben wir im vorangehenden Kapitel dargestellt – gehören zu den zentralen Bereichen der Schulbereitschaft, die es in der frühen Bildung zu stärken gilt. Zu ihnen zählen sprachliche Kompetenzen ebenso wie eher bereichsspezifische Fertigkeiten (häufig auch Vorläuferfertigkeiten genannt), die insbesondere für das Lernen eines zentralen schulischen Bereichs (nämlich Lesen, Schreiben, Rechnen) wichtig sind, sowie bereichsübergreifende Kompetenzen, die grundsätzlich für alle schulischen Lernprozesse relevant werden. Kurz gesagt: Frühe kognitive Kompetenzen ermöglichen es dem Kind, mit hoher Sicherheit die Anforderungen des Schuleingangs erfolgreich zu bewältigen. Aber was genau wird eigentlich unter Vorläuferfertigkeiten verstanden? Und welche Vorläuferfertigkeiten und andere frühen Kompetenzen sind für die Schulbereitschaft besonders wichtig?

Als Vorläuferfertigkeiten werden in der Regel diejenigen Fertigkeiten bezeichnet, die für den Erwerb der wichtigen Kulturtechniken des Lesens, Schreibens und Rechnens von großer Bedeutung sind. So zählt beispielsweise die Bewusstheit der klanglichen Besonderheiten der Sprache (phonologische Bewusstheit) zu den wichtigsten Vorläuferfertigkeiten für das Lesen und Schreiben. Wie der Name schon verrät, entwickeln sich diese Fertigkeiten bereits *vor* der schulischen Vermittlung der Schriftsprache. Daher kann bei Kenntnis der individuellen Ausprägung der Vorläuferfertigkeiten schon früh abgeschätzt werden, ob das Kind gut für den Erwerb von Lesen, Schreiben und Rechnen gewappnet ist, oder ob es ohne zusätzliche Förderung dabei voraussichtlich Probleme bekommen wird.

Gut wäre es deshalb, möglichst viel über die individuellen Voraussetzungen des Kindes zu wissen. Neben der Vorläuferfertigkeit der phonologischen Bewusstheit hat sich z. B. auch der verfügbare Wortschatz eines Kindes als sehr wichtige Voraussetzung für den Erwerb von Lesen und Schreiben erwiesen. Weist ein Kind am Ende der Kindergartenzeit deutliche Rückstände im Wortschatz und der phonologischen Bewusstheit auf, so ist die Wahrscheinlichkeit sehr hoch, dass es später erhebliche Probleme beim Lesen und Schreiben haben wird. Oder

– um ein anderes Beispiel zu nennen: Ist einem Kind im Alter von fünf Jahren noch nicht in Ansätzen bewusst, dass Zahlen Mengen repräsentieren, so sind für dieses Kind in der Schule Schwierigkeiten beim Rechnen zu erwarten. Diese Beispiele machen bereits deutlich, dass für Lesen, Schreiben und Rechnen unterschiedliche Vorläuferfertigkeiten und weitere individuelle Voraussetzungen von Bedeutung sind.

Ganz wichtig für die in dieser Handreichung beschriebene Konzeption der gezielten Zusatzförderung für Kinder mit Entwicklungsrisiken ist, dass die nichtausreichende Verfügbarkeit dieser Fertigkeiten im Alter von fünf Jahren nicht schicksalshaft hingenommen werden muss: Solche Fertigkeiten können schon früh erfolgreich gefördert werden! Gerade die Kindergartenzeit bietet die Möglichkeit, Kinder mit Entwicklungsrisiken aufzufangen und ihnen über eine frühzeitige und gezielte Förderung bessere Voraussetzungen für den Schuleintritt und die erhofften Lernfortschritte in den Grundschuljahren zu schaffen. Denn im Bereich der Kompetenzentwicklung bei Kindern gilt: Je frühzeitiger Maßnahmen zur Förderung ergriffen werden, desto effektiver sind diese. Gerade im Kindergartenalter saugen die Kinder Wissen förmlich auf und lernen dabei oftmals beiläufig und unbewusst, etwa im Spiel. Diese Möglichkeit gilt es zu nutzen, denn besonders Kinder mit Entwicklungsrisiken können von einer frühzeitigen Förderung profitieren!

Im Folgenden sollen die wichtigsten frühen kognitiven Kompetenzen der Schulbereitschaft vorgestellt werden. Dazu gehören neben Sprachkompetenzen die bereichsspezifischen Vorläufer für Lesen, Schreiben und Rechnen wie auch bereichsübergreifende Fähigkeiten des Denkens und der Aufmerksamkeit.

3.1 Sprache – Schlüssel der Bildung

Das Erlernen der Muttersprache verläuft in den ersten Lebensjahren rasant und steht in einem engen Zusammenhang zu der Lebenswelt des Kindes. Bereits im Verlauf des ersten Lebensjahres lernen kleine Kinder sprachliche Äußerungen zu verstehen und gegen Ende des ersten Lebensjahres produzieren sie meist schon erste Worte in ihrer Muttersprache. Die Entwicklungsbedingungen sind jedoch von Kind zu Kind sehr unterschiedlich. Während einige Kinder viele Anregungen erhalten, wachsen andere Kinder in Kontexten auf, die wenig sprachförderlich sind. In zunehmendem Maße gibt es in Deutschland Kinder, die eine andere Muttersprache als Deutsch haben und somit mehr als eine Sprache lernen müssen. Dies passiert in der Regel spätestens dann, wenn das Kind in eine Bildungs- und Betreuungseinrichtung aufgenommen wird.

Sprache ist die zentrale Voraussetzung für Kommunikation und den Erwerb von Wissen. Da in den Bildungseinrichtungen in aller Regel Deutsch als Verkehrssprache genutzt wird, ist das Erlernen der deutschen Sprache notwendig und von herausragender Bedeutung: Erst durch eine ausreichende Sprachbeherrschung kann ein Kind in eine Kultur hineinwachsen und eine persönliche und gesellschaftliche Identität aufbauen.

Bei der Beurteilung des Entwicklungsstandes von Kindern in den ersten sechs Lebensjahren kommt den sprachlichen Fähigkeiten eine besondere Bedeutung zu. Das zeigt sich nicht zuletzt auch darin, dass der Spracherwerbsstand als wichtiger Indikator für den allgemeinen Entwicklungsstand gilt. Aufgrund dieser Schlüsselstellung ist es nicht verwunderlich, dass sich bei Kindern mit Spracherwerbsproblemen später meist Schwierigkeiten in einer Vielzahl von Schulfächern zeigen. Besonders häufig haben sie Schwierigkeiten beim Lesen und Schreiben. Genau diese Fertigkeiten aber sind es, die es den Kindern ermöglichen, sich selbstständig Wissen anzueignen und auch weiterzugeben. Treten hier Probleme auf, bleiben den betreffenden Kindern häufig wichtige Bildungschancen verwehrt. Daher sollte bereits in der KiTa von Beginn an auf den Spracherwerb und die Kompetenz in der deutschen Sprache gezielt Einfluss genommen werden.

Um uns mithilfe von Sprache verständigen zu können, müssen wir Wörter kennen. Die Wörter, über die wir verfügen, werden als *Wortschatz* bezeichnet, manchmal auch *mentales Lexikon* genannt. Um sich verständigen zu können, müssen Kinder die Wörter, die sie im Alltag brauchen, erst einmal kennen und richtig zuordnen können. Der Aufbau des (aktiven und passiven) Wortschatzes, kann daher als eine zentrale Entwicklungsaufgabe angesehen werden. Im Erwachsenenalter umfasst der Wortschatz der deutschen Sprache zwischen 50.000 und 250.000 Wörter. Er fällt umso größer aus, je mehr Wörter schon im Kindesalter gelernt wurden.

In der Regel ist das menschliche *Sprachverständnis* (korrespondierend zum passiven Wortschatz) deutlich besser als die Fähigkeit zur *Sprachproduktion* (korrespondierend zum aktiven Wortschatz). Von Geburt an scheinen Kinder viele sprachliche Äußerungen verstehen zu können, bevor sie selbst zu sprechen beginnen. Sie verstehen aber meist zunächst nur die Situation, in der gesprochen wird. Erwachsene tendieren daher dazu, das Sprachverständnis von Kindern zu überschätzen. Probleme im Sprachverständnis werden häufig erst bei komplexeren Anforderungen erkannt, bei denen die sprachlichen Äußerungen nicht aus dem Kontext erschlossen werden können, sondern tatsächlich die Satzstruktur vom Kind verstanden werden muss.

3.2 Phonologische Informationsverarbeitung: Vorläufer der Schriftsprache

Bereits in der frühen Kindheit, lange bevor Kinder mit dem eigentlichen Schriftspracherwerb beginnen, machen sie vielfältige Erfahrungen mit den unterschiedlichen Facetten von Lesen und Schreiben. Kindern werden zu Hause Gute-Nacht-

Geschichten vorgelesen, sie blättern zusammen mit ihren Eltern im Lieblingsbuch und versuchen dabei mitzulesen, fragen nach der Bezeichnung von Buchstaben, entziffern vielleicht sogar erste Wörter und schreiben den eigenen Namen. Sie erkunden die Leseecke in der KiTa, lernen Wortspiele und Reime, sehen Texte in Zeitungen oder Büchern und auf Bildschirmen, hören Geschichten und erzählen von ihren Erlebnissen. Durch diese Erfahrungen kommen Kinder mit der schriftlichen Sprache in Kontakt, erweitern ihren Wortschatz und lernen vielfältige grammatische Strukturen kennen. Auch wenn sie selbst noch nicht Lesen und Schreiben können, machen sie sich nach und nach vertraut mit der Schriftsprache.

Der englischsprachige Begriff „Literacy" beschreibt genau diese Vertrautheit mit dem Bereich der Schriftsprache. Wörtlich übersetzt heißt Literacy zwar Lese- und Schreibkompetenz, umfasst aber noch viel mehr. Literacy in der frühen Kindheit ist ein Sammelbegriff für kindliche Erfahrungen rund um Buch-, Erzähl-, Reim- und Schriftkultur, die wir beispielhaft im vorherigen Absatz angeführt haben. Der Begriff beinhaltet ebenso Kompetenzen wie Text- und Sinnverständnis, Lesefreude und die Vertrautheit mit Medien. Es ist also ein Sammelbegriff, der alle Erfahrungen der Kinder umfasst, die sie mit der Schriftsprache haben. Die Bedeutung der Herausbildung von frühen Bausteinen der Literacy für den späteren Erwerb von Lesen und Schreiben konnte in vielen wissenschaftlichen Studien nachgewiesen werden.

Neben den allgemeinen sprachlichen Kompetenzen (wie Wortschatz, Grammatik, Sprachverwendung) befördern frühe Literacy-Erfahrungen den Erwerb weiterer Vorläuferfertigkeiten, die den späteren Erwerb des Lesens und Schreibens erleichtern. Die in diesem Zusammenhang wichtigsten Vorläuferfertigkeiten sind solche der sogenannten *phonologischen Informationsverarbeitung*. Wir wollen kurz erläutern, was sich hinter diesem Begriff verbirgt, und warum die phonologische Informationsverarbeitung so zentral für den Schriftspracherwerb ist.

Phonologische Informationsverarbeitung bezeichnet die Qualität, mit der ein Kind die klanglich-sprachlichen Informationen verarbeitet, die es im Alltag hört. Diese basiert auf drei Teilkomponenten: (1) dem Ausmaß der phonologischen Bewusstheit, (2) der Geschwindigkeit beim Zugriff auf den eigenen Wortschatz und (3) der Funktionstüchtigkeit des sprachlichen (phonologischen) Arbeitsgedächtnisses. Die ersten beiden dieser drei Teilkomponenten beziehen sich auf Fertigkeiten, die durch reichhaltige frühe auf die Schriftsprache bezogene Aktivitäten (z. B. Vorlesen, Reimspiele) verbessert werden. Die Funktionstüchtigkeit des sprachlichen Arbeitsgedächtnisses stellt hingegen eine weitgehend biologisch vorgegebene individuelle Kapazität des Kindes dar und begrenzt somit die individuellen Möglichkeiten der phonologischen Informationsverarbeitung. Im Folgenden werden diese drei Teilkomponenten kurz vorgestellt.

Phonologische Bewusstheit

Unter *phonologischer Bewusstheit* wird die Einsicht in die lautsprachliche Struktur der gesprochenen Sprache verstanden. Diese Einsicht kann man unterstützen, indem man die Kinder dazu bringt, ihre Aufmerksamkeit nicht nur auf die inhaltliche Bedeutung der gehörten Sprache zu lenken, sondern ganz bewusst auch auf die formalen, strukturellen Merkmale der Sprache. Das hilft den Kindern, ein sicheres Gespür für die Klangbesonderheiten der Sprache zu erwerben.

Zur phonologischen Bewusstheit zählen sehr unterschiedliche Fertigkeiten, wie etwa einen Satz in seine einzelnen Wörter zu zerlegen, Reime zu erkennen oder gar selbst zu reimen und Silben oder auch Laute innerhalb eines Wortes zu erkennen. Das Erkennen von Klangeinheiten (Phonemen) in Wörtern und das Wissen, dass verschiedene Wörter durch unterschiedliche Kombinationen von Klangeinheiten gebildet werden, spielt eine große Rolle beim Erwerb der Schriftsprache. Nicht alle Kinder erwerben diese Fertigkeiten rechtzeitig vor dem Schulstart. Defizite in der phonologischen Bewusstheit gelten heute als eines der größten Risiken für das Entstehen von Lese-Rechtschreibproblemen. Dies bestätigen die Befunde verschiedener Langzeitstudien, in denen gezeigt werden konnte, dass die phonologische Bewusstheit vor Eintritt in die Schule einen Großteil der Unterschiede in den späteren Lese- und Rechtschreibleistungen während der Grundschulzeit erklären kann.[10]

Geschwindigkeit beim Zugriff auf den eigenen Wortschatz

Kinder unterscheiden sich darin, wie schnell sie die Bedeutung eines gehörten Wortes aus dem eigenen Gedächtnis abrufen zu können. Um dies zu demonstrieren, werden in der Forschung einfache Aufgaben benutzt, bei denen den Kindern ihnen grundsätzlich vertraute Symbole, Gegenstände oder Farben vorgelegt werden mit der Aufforderung, diese so schnell wie möglich zu benennen. Kinder, die leichter und schneller als andere Abbildungen vertrauter Gegenstände wie beispielsweise Haus, Ball und Tisch benennen können, haben nicht nur Vorteile bei der phonologischen Informationsverarbeitung, sondern auch später beim Schriftspracherwerb in der Schuleingangsphase.

Sprachliches (phonologisches) Arbeitsgedächtnis

Diese Teilkomponente der phonologischen Informationsverarbeitung dient dazu, wahrgenommene Laute und Lautstrukturen (etwa Silben, Wörter und Sätze) kurzfristig im Gedächtnis verfügbar zu halten. Je besser dies gelingt, desto eher hat das Kind die Möglichkeit, diese Laute bzw. Lautstrukturen weiter zu verarbeiten.

---

10 Schneider, W. (2012). Die Relevanz früher phonologischer Bewusstheit für den späteren Schriftspracherwerb. *Frühe Bildung, 1,* 220–222.

Die Bedeutung des sprachlichen Arbeitsgedächtnisses lässt sich besonders gut am Leseverhalten des ungeübten Lesers nachvollziehen: Kinder, die Lesen lernen, erlesen ein Wort anfangs Laut für Laut und ziehen die Laute erst am Ende zu einem Wort zusammen. Um das hin zu bekommen, müssen die einzelnen Laute (Wortkomponenten) im Arbeitsgedächtnis verfügbar gehalten werden. Das heißt, Kinder müssen Laute und Lautsequenzen (wie etwa Silben) ebenso wie schriftsprachliche Symbole (Buchstaben und Wörter) kurzfristig im Gedächtnis speichern und abrufbar halten können. Können sie dies nicht, dann sind sie nicht in der Lage, ein Wort als Ganzes zu benennen. Hinweise auf die Funktionstüchtigkeit des sprachlichen Arbeitsgedächtnisses erhält man über spezielle Aufgabenanforderungen wie z. B. das Nachsprechen von Phantasiewörtern (auch Kunstwörter genannt) oder das Wiedergeben gehörter Wörter oder auch kurzeitig dargebotener Bilder in der richtigen Reihenfolge (Gedächtnisspanne).

Tabelle 1: Übersicht über wichtige Komponenten der phonologischen Informationsverarbeitung

Komponente der phonologischen Informationsverarbeitung	Indikatoren und Erfassungsmethoden
Phonologische Bewusstheit	– Reimen, Reime erkennen – Silbenklatschen – Laut-zu-Wort-Zuordnungsaufgaben
Geschwindigkeit beim Zugriff auf den eigenen Wortschatz	– Schnelles Benennen von Wörtern, Farben und Objekten – Unterscheidung von Wörtern und Phantasiewörtern
Sprachliches Arbeitsgedächtnis	– Gedächtnisspanne für Wörter und Bilder – Nachsprechen von Phantasiewörtern

3.3 Frühe mathematische Kompetenzen

Genau wie beim Lesen und Schreiben wird auch der Grundstein für den erfolgreichen Erwerb des Rechnens und Umgangs mit Zahlen bereits in jungen Jahren gelegt. So hängen Auffälligkeiten in den frühen mathematischen Kompetenzen (in der Forschung bisweilen als mathematische Basiskompetenzen bezeichnet) mit späteren Schwierigkeiten beim Rechnen zusammen. Kann ein Kind im späten Kindergartenalter beispielsweise nicht bis zehn zählen und kann Größen und Mengen nicht angemessen einschätzen, so sind dies oftmals Anzeichen für unzureichend entwickelte frühe mathematische Kompetenzen. Aber auch grundlegende Fertigkeiten, die auf den ersten Blick nicht mit Mathematik in Verbindung gebracht werden, gehören zu den frühen mathematischen Kompetenzen. Hierzu zählen beispielsweise die zeitliche Orientierung (vor-nach, früher-später), räumliche Beziehungen (oben-unten, rechts-links) oder Vergleiche und Sortieren von Objekten nach räumlichen Kategorien (größer-kleiner, liegt vor, auf, über, neben). Auch die Fähigkeit, quantitative Beziehungen zwischen Objekten richtig einzuschätzen (ist länger als, breiter-schmaler, höher-niedriger), stellt einen wichtigen Vorläufer der späteren Rechenfähigkeit dar.

Was sollte man über die Entwicklung mathematischer Basiskompetenzen wissen, um im Einzelfall entscheiden zu können, ob eine gezielte Zusatzförderung ratsam ist? Dies lässt sich am besten an einem Modell klären, das die Entwicklung mathematischer Basiskompetenzen im Kindergarten- und frühen Schulalter wiedergibt: Das Entwicklungsmodell der Zahl-Größen-Verknüpfung[11]. Nach diesem Modell sollte jedes Kind vor dem Schuleintritt bereits drei Stufen der Entwicklung früher mathematischer Kompetenzen erklommen haben, die wir in der folgenden Beschreibung der Einfachheit halber Kompetenzebenen I bis III nennen.

Kompetenzebene I – Basisfertigkeiten (Zahlwörter und Ziffern ohne Größenbezug)

Bereits ab der Geburt können Säuglinge zwischen Mengen unterscheiden. Allerdings können sie dies ausschließlich im Zusammenhang mit der Ausdehnung einer Menge (mehr oder weniger Fläche/Volumen), aber nicht, wenn es um die tatsächliche Anzahl einer Menge von Objekten (mehr oder weniger Stück) geht. Was die sehr jungen Kinder schon können, ist also eine *unpräzise Mengen- oder Größenunterscheidung*.

Mit zunehmendem Spracherwerb lernen die Kinder dann Mengen auch verbal zu unterscheiden; sie nutzen hierzu Begriffe wie „weniger" oder „viel". Davon unabhängig lernen Kinder bereits – oftmals bevor sie drei Jahre alt sind – Zahlwörter aufzusagen und diese in die richtige Reihenfolge zu bringen. Sie entwickeln ein Verständnis dafür, dass beim Zählen jede Zahl nur einmal und immer

---

11 Krajewski, K. & Ennemoser, M. (2013). Entwicklung und Diagnostik der Zahl-Größen-Verknüpfung zwischen 3 und 8 Jahren. In M. Hasselhorn, A. Heinze, W. Schneider & U. Trautwein (Hrsg.), *Diagnostik mathematischer Kompetenzen. Tests & Trends* N. F. 11 (S. 41–65). Göttingen: Hogrefe.

in derselben Position der Zahlenfolge vorkommt. Die Kinder erwerben also zunehmend *präzise numerische Begriffe* (Zahlwörter), haben allerdings noch kein Verständnis dafür, dass z. B. die Zahl „drei" auch für die Gesamtheit aller drei gezählten Elemente steht.

Kompetenzebene II – einfaches Zahlenverständnis (Verknüpfung von Zahlwörtern und Ziffern mit Größen)

Wenn das Kind etwa drei Jahre alt ist, entwickelt sich in der Regel das Bewusstsein, dass sich hinter Zahlen Größen und Mengen verbergen und umgekehrt Größen und Mengen durch Zahlen ausgedrückt werden können. Die bereits gelernten Zahlwörter bekommen nun auch eine inhaltliche, *quantitative* Bedeutung. Das Kind lernt, dass Zahlen Anzahlen repräsentieren. Diese Kompetenz erwirbt das Kind in zwei Phasen. Zuerst erlernt es grobe Mengenkategorien, bei denen es zwischen wenig, viel und sehr viel unterscheidet. Eine exakte Unterscheidung innerhalb einer Kategorie gelingt noch nicht, hierfür ist die Zuordnung der Zahlen zu ungenau. Der Vergleich sehr nahe beieinanderliegender Zahlen gelingt erst, wenn es Zahlen den exakt korrespondierenden Anzahlen zuordnen kann (Eins-zu-Eins-Zuordnungen). Gelingt dem Kind die feste Zahlen-Größen-Zuordnung, so befindet es sich in der zweiten Phase. Der Erwerb dieses präzisen Anzahlkonzepts, auch *Kardinal*verständnis genannt, wird als ein besonders bedeutsamer Entwicklungsschritt für den späteren Erwerb der (Schul-)Mathematik angesehen. Er gilt als eine Schlüsselkompetenz im mathematischen Bereich.

Auf der zweiten Kompetenzebene erkennt das Kind außerdem zunehmend Relationen (Beziehungen) zwischen Mengen, jedoch noch ohne Zahlbezug. Das Kind entdeckt also beispielsweise, dass Mengen sich verändern, wenn Teile hinzugefügt werden, eine Menge aber gleich bleibt, wenn nur die räumliche Anordnung der einzelnen Elemente verändert wird.

Kompetenzebene III – tieferes Zahlenverständnis (Verknüpfung von Zahlwörtern und Ziffern mit Größenrelationen)

Das tiefere Zahlenverständnis wird erreicht, wenn das Kind Mengen- und Größenrelationen nun auch mit Zahlwörtern ausdrückt. Dies ist Ausdruck eines Verständnisses dafür, dass eine Zahl aus anderen Zahlen zusammengesetzt ist und umgekehrt eine Zahl auch in andere Zahlen zerlegt werden kann. Dementsprechend gelingen dem Kind nun einfache Additions- und Subtraktionsaufgaben. Außerdem lernt das Kind, dass sich auch die Beziehungen zwischen den Zahlen über Zahlen darstellen lassen. So entwickelt sich langsam die Einsicht, dass der Unterschied zwischen zwei Zahlen wieder eine Zahl ist.

Abbildung 3 fasst die wesentlichen Merkmale der drei Entwicklungsstufen früher mathematischer Kompetenzen zusammen.

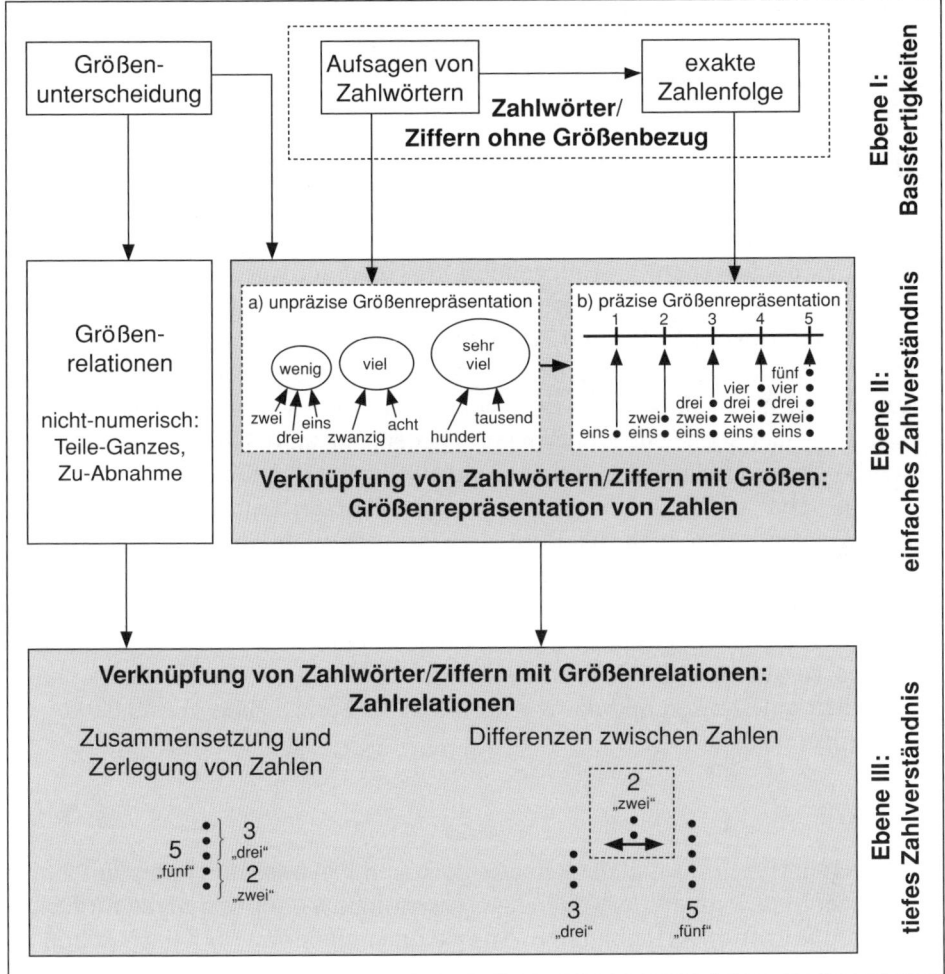

Abbildung 3: Entwicklungsmodell der Zahl-Größen-Verknüpfung[12]

Allgemein ist wichtig zu beachten, dass sich ein Kind im Hinblick auf verschiedene Zahlenräume (Zehner-, Hunderter-, Tausenderbereich) gleichzeitig auf verschiedenen Kompetenzebenen befinden kann. Oft entwickelt sich die Zahl-Größen-Verknüpfung für kleinere und größere Zahlenräume nicht parallel, sondern in der Regel zunächst nur für einen kleineren Zahlenraum. Während sich ein

---

12 Krajewski, K. & Ennemoser, M. (2013). Entwicklung und Diagnostik der Zahl-Größen-Verknüpfung zwischen 3 und 8 Jahren. In M. Hasselhorn, A. Heinze, W. Schneider & U. Trautwein (Hrsg.), *Diagnostik mathematischer Kompetenzen. Tests & Trends* N.F. 11 (S. 41–45). Göttingen: Hogrefe.

Kind möglicherweise im Zahlenraum bis 10 schon sicher zurechtfinden kann (Kompetenzebene III), lernt es im Zahlenraum bis 100 vielleicht erst die zugehörigen Zahlwörter (Kompetenzebene I).

3.4 Denken und Aufmerksamkeit

Neben den bereichsspezifischeren Vorläufern und frühen Kompetenzen der Sprache gibt es noch weitere grundlegende Lernvoraussetzungen, die sich bei den meisten Kindern unter den anregenden Bedingungen im Elternhaus und in der KiTa bereits früh ausbilden und zur Schulbereitschaft beitragen. Gemeint sind damit Verhaltensmöglichkeiten bzw. -potenziale von Kindern, die für den Lernerfolg in ganz unterschiedlichen Bereichen (z. B. Naturwissenschaften und Sprachenlernen, aber auch Musik oder Kunst) bedeutsam sind. Hierzu zählt in erster Linie die Denkfähigkeit, die grundlegend für das intellektuelle Potenzial eines Kindes ist, aber auch Fähigkeiten der gezielten Aufmerksamkeit und der anhaltenden Konzentration. In diesen Bereichen ist es deutlich schwieriger als bei den beschriebenen bereichsspezifischen Vorläufern, nachhaltige Veränderungen zu erwirken. Aber auch hier sind Förderansätze verfügbar, mit denen bereits im Kindergartenalter positive (wenn auch eher kleine) Veränderungen erzielt und nachgewiesen werden können. Im Folgenden gehen wir in diesem Zusammenhang beispielhaft auf Denken und Aufmerksamkeit als bereichsübergreifende kognitive Kompetenzen ein.

Denken

Im weiteren Sinne umfasst Denken alle geistigen Prozesse und Fähigkeiten des Menschen. Man weiß mittlerweile, dass wesentliche Voraussetzungen für Denkleistungen sehr früh verfügbar sind. So erkennen und erinnern Kinder schon ab dem sechsten Lebensmonat einfache Ursache-Wirkungs-Zusammenhänge. Im Kleinkind- und Kindergartenalter erschließen sich Kinder ihre Welt und deren Zusammenhänge immer rasanter. Dabei werden enge Zusammenhänge zum Spracherwerb offenkundig. Ein deutliches Anzeichen dafür sind beispielsweise die häufigen „Warum-Fragen" von Kindern ab etwa dem dritten Lebensjahr; sie markieren sowohl einen Meilenstein im Spracherwerb als auch in der Denkentwicklung.

Denken können grundsätzlich alle Kinder. Dennoch gibt es in den verschiedenen Teilbereichen des Denkens stabile Leistungsunterschiede, die schon im Kindergarten beobachtbar sind. Zu den Teilfähigkeiten des Denkens, bei denen nicht nur stabile Unterschiede zwischen Kindern im Kindergarten beobachtbar sind, sondern die gleichzeitig auch einen wesentlichen Baustein der Schulbereitschaft darstellen, gehört das schlussfolgernde Denken, also die Fähigkeit, über den Vergleich beobachteter Ereignisse oder Sachverhalte Regelhaftigkeiten abzuleiten.

In der Fachliteratur wird diese Art des schlussfolgernden Denkens als „induktives Denken" bezeichnet. Interessanterweise finden sich in Tests zur Messung der allgemeinen Intelligenz sehr oft Aufgaben zum induktiven Denken.

Induktives Denken – also das Ableiten von Regelhaftigkeiten aus Beobachtungen über Vergleiche – stellt eine Kernkompetenz in der Auseinandersetzung mit alltäglichen Problemstellungen dar. Auch Lernen fällt bei gut ausgeprägter Fähigkeit zum induktiven Denken leichter, weil dadurch sehr viel schneller Regeln, Bedingungen und Hierarchien entdeckt (z. B. Tier → Hund → Dackel) oder Kategorien gebildet werden können bilden (z. B. bunt vs. einfarbig). Induktives Denken hilft nämlich beim Entdecken von Ähnlichkeiten oder Unterschieden von Dingen, etwa im Hinblick auf Merkmale oder Eigenschaften (z. B. Form, Farbe, Größe) oder auch der Beziehungen zwischen Dingen (z. B. ein Auto ist kleiner als ein Bus, aber ein Zug ist größer als ein Bus). Die Kinder lernen dabei, mit aussagenlogischen Begriffen wie *und*, *oder*, *entweder … oder*, *wenn … dann* zu operieren.

Die Fähigkeit zum schlussfolgernden (induktiven) Denken hilft Kindern sich (und manchmal auch uns) die Welt zu beschreiben und zu erklären. Lange Zeit wurde geglaubt, dass diese Denkfähigkeit pädagogisch nicht beeinflussbar sei, weil sie auf einem angeborenen Potenzial beruht. Heute wissen wir, dass trotz unterschiedlicher angeborener Begabung für induktives Denken, die individuellen Denkleistungen von Kindern durch geeignete Fördermaßnahmen durchaus verbesserbar sind (s. Abschn. 6.4.3).

Aufmerksamkeit

Viele pädagogische Fachkräfte sehen in der Fähigkeit eines Kindes, die eigene Aufmerksamkeit gezielt auf etwas zu lenken, ohne sich dabei ablenken zu lassen, sowie in der Fähigkeit zur konzentrierten Aufrechterhaltung der Aufmerksamkeit wichtige Merkmale der Schulbereitschaft. Dies ist durchaus berechtigt, denn die Fähigkeit, sich selektiv auf die Bewältigung einer Aufgabe einzustellen und dabei Ablenkendes auszublenden, ist eine Grundvoraussetzung für erfolgreiches Lernen. Auch die Fähigkeit, an einer Aufgabe dran zu bleiben und diese auch zu Ende zu führen, begünstigt langfristig den Lernerfolg. Allerdings lässt sich im Einzelfall nicht einfach entscheiden, ob das Unvermögen, bei einer Aufgabe die Konzentration aufrecht zu erhalten, die Folge fehlender Kompetenzen der Aufmerksamkeit oder aber nicht hinreichend entwickelter Selbstdisziplin ist. Kinder, die mit der gezielten Lenkung und Aufrechterhaltung konzentrierter Aufmerksamkeit Schwierigkeiten haben, fallen häufig auf, wenn man darüber nachdenkt, welche Kinder über schulrelevante Entwicklungsrisiken verfügen.

Werden bei Kindern Aufmerksamkeits- oder Konzentrationsprobleme beklagt, dann werden oft Auffälligkeiten im Bereich des Verhaltensablaufs beschrieben

(Kinder fangen Aufgaben oder Spiele meist gar nicht erst an oder bleiben – wenn sie doch mit der Aufgabe angefangen haben – nicht am Ball; sie scheinen nichts zu Ende bringen zu können). Auch Kindergartenkinder sollten bereits in der Lage sein, ihr Verhalten altersgemäß Situationen anzupassen. So darf man von Kindern im Alter zwischen fünf und sieben Jahren erwarten, dass sie sich 15 Minuten am Stück konzentriert einer Aufgabe oder einem Spiel widmen können.

Gelegentliche Unaufmerksamkeit, Ablenkbarkeit oder zu geringe Ausdauer bei Spielaktivitäten oder bestimmten Aufgaben sind allerdings für Kinder in diesem Alter normal und sollten nicht gleich als Hinweis auf ein schulrelevantes Entwicklungsrisiko gewertet werden. Die meisten Kinder zeigen etwa bei Aufregung oder beim Toben auf dem Spielplatz eine alterstypische und somit normale Hyperaktivität und reagieren in unterschiedlichen Situationen mal aufmerksam und mal unaufmerksam. Kritisch wird es erst, wenn sich diese Auffälligkeiten in ihrer Intensität, ihrem Ausmaß und ihrer Dauer deutlich stärker zeigen als bei den meisten Gleichaltrigen.

Empfehlungen zum Weiterlesen

Bereich Sprache:

Ruberg, T. & Rothweiler, M. (2012). *Spracherwerb und Sprachförderung in der KiTa.* Stuttgart: Kohlhammer.

Bereich phonologische Informationsverarbeitung:

Schnitzler, C. D. (2008). *Phonologische Bewusstheit und Schriftspracherwerb.* Stuttgart: Thieme.

Bereich Mathematik:

Lorenz, J.-H. (2012). *Kinder begreifen Mathematik. Zur mathematischen Bildung in der Kita.* Stuttgart: Kohlhammer.

4 Diagnostik – Erkennen von Entwicklungsrisiken

Im pädagogischen Alltag von Kindertageseinrichtungen wird über gezielte Beobachtungen versucht festzustellen, ob ein Kind Zusatzförderbedarf hat. In diesem Kapitel wird dargelegt, dass auch Beobachten gelernt sein will, weil dabei schnell systematische Fehler entstehen können. Weiterhin erfahren Sie in diesem Kapitel, warum oftmals zusätzlich zu Informationen aus Beobachtungen Screenings und Test nützlich sind und was gute von schlechten Screenings oder Tests unterscheidet. Zudem wird an ausgewählten Beispielen beschrieben, welche diagnostischen Verfahren von professionellen Diagnostikern genutzt werden können, um möglichst angemessen entscheiden zu können, ob ein Kind die in dieser Handreichung beschriebene Zusatzförderung benötigt oder nicht.

Pädagogische Fachkräfte werden häufig mit der Frage konfrontiert, ob ein bestimmtes Kind in der KiTa altersgerecht entwickelt ist. Diese Frage kommt beispielsweise auf, wenn Besonderheiten in der Sprache des Kindes beobachtet werden, wenn das Kind beim Malen keine Ansätze von Gegenständlichkeit erkennen lässt oder aber kaum zum Spiel mit Gleichaltrigen in der Lage zu sein scheint. Aber ist das Kind, um das es geht, tatsächlich weniger weit entwickelt als gleichaltrige Kinder? Benötigt es gar eine zusätzliche Förderung, oder braucht es im Vergleich zu seinen Alterskameraden einfach nur etwas länger, hat aber prinzipiell einen für sein Alter normalen Entwicklungsstand erreicht? Um diese Fragen professionell beantworten zu können, wird auf geeignete diagnostische Hilfsmittel zurückgegriffen. Hierfür stehen für die diagnostisch ausgebildete Fachkraft ganz unterschiedliche Werkzeuge zur Verfügung. Sie reichen von (möglichst) standardisierten Beobachtungen und Einschätzungen über Screenings bis hin zu Tests. Im Folgenden wollen wir nicht nur auf Grenzen und Möglichkeiten von Beobachtungen, Screenings und Tests eingehen, sondern auch einige ausgewählte in der diagnostischen Praxis bewährte Verfahren vorstellen.

4.1 Beobachtungen und Einschätzungen

Beobachtungen sind unverzichtbarer Teil einer Einschätzung und Bewertung des Entwicklungsstandes und grundlegend für pädagogisches Handeln. Erzieherinnen beobachten die Kinder täglich: beim Spielen, Basteln, Malen, im Umgang mit anderen Kindern und Erwachsenen oder auch beim Sprechen und Zuhören. Durch die Beobachtung des Verhaltens bei verschiedenen Tätigkeiten können die Erzieherinnen die Stärken und Schwächen der Kinder entdecken und dabei

Entwicklungsfortschritte, aber auch -rückstände erkennen. Gerade weil Beobachtungen in der Elementarpädagogik eine so grundlegende und selbstverständliche Rolle in Erziehung und Bildung spielen, ist es hilfreich, den Beobachtungsprozess zu reflektieren und sich die Unterschiede zwischen alltäglicher und professioneller bzw. standardisierter Beobachtung bewusst zu machen. Dazu hilft es, sich zu vergegenwärtigen, welchen Einschränkungen Beobachtungen unterliegen, was beachtet werden muss und warum es so hilfreich sein kann, standardisierte Beobachtungsverfahren anzuwenden.

Beobachten ist ein aktiver Konstruktions- und Rekonstruktionsprozess. Das bedeutet, dass Beobachtungen nicht unabhängig von der beobachtenden Person sind. Dieser individuelle Einfluss auf die Beobachtung geschieht auf unterschiedliche Weise: Damit das Beobachtete von uns verarbeitet werden kann, muss es zunächst über die Sinnesorgane aufgenommen werden. Anschließend werden die Informationen interpretiert. Bei jedem dieser Schritte, d. h. bei der Wahrnehmung, Verarbeitung und Interpretation von Informationen, laufen Filterprozesse ab. Filterprozesse schützen unser Gehirn vor Reizüberflutung und führen dazu, dass wir uns bei der Beobachtung auf eine bestimmte Sache konzentrieren können. Diese Filterprozesse wiederum werden von der beobachtenden Person beeinflusst, d. h. bestimmte Erfahrungen, Erwartungen, Bedürfnisse sowie Einstellungen und Vorurteile spielen dabei eine große Rolle. Mit anderen Worten: Wir machen beim Beobachten Fehler.

Vorschnelle Schlussfolgerungen: Oftmals sehen wir Personen und urteilen aufgrund eines einzelnen auffallenden Merkmals vorschnell und unüberlegt. Forscher sprechen in diesem Zusammenhang von *Halo-Effekt* (auch Überstrahlungseffekt genannt): Einzelne Eigenschaften einer Person (z. B. das Aussehen) erzeugen einen positiven oder negativen Eindruck, der die weitere Wahrnehmung der Person „überstrahlt" und so den Gesamteindruck unverhältnismäßig beeinflusst. Zum Beispiel tendieren wir dazu, hübsche Kinder eher für schlau zu halten als weniger hübsche Kinder.

Erinnerungsverzerrungen: Beobachtungen werden unterschiedlich gut erinnert. So werden die ersten Informationen, die Beurteilende über eine Person bekommen oder wahrnehmen, besonders gut behalten *(Primacy-Effekt).* Gleichzeitig sind uns die letzten Eindrücke von einer Person noch besser im Gedächtnis präsent und können so vorhergehende Eindrücke abschwächen oder verzerren *(Recency-Effekt).* Das kann durchaus bei der Bewertung der eigenen Beobachtungen zu Eindrucksverzerrungen führen.

Beobachtungsfehler lassen sich nie vollständig vermeiden. Sie aber zu kennen und sie bei sich selbst zu bemerken, ist bereits ein sehr wichtiger Schritt, um ihren Einfluss abzuschwächen. Die im Folgenden aufgeführten Faustregeln sollen Sie dabei unterstützen:

- *Beobachtung beginnt mit einer spezifischen Fragestellung.*
- *Beobachtung hat also ein bestimmtes Ziel.*
- *Regelmäßige Beobachtung:* Durch eine regelmäßige Beobachtung erhalten wir einen genaueren Einblick in den Entwicklungsstand des Kindes (unabhängig von seiner Tagesverfassung).
- *Beobachtung durch mehrere Personen:* Um ein gewisses Maß an Objektivität zu erlangen und eine gute Basis für einen Austausch zu haben, sollte dasselbe Kind von mehreren Personen beobachtet werden.
- *Zeitnahe Dokumentation:* Um Erinnerungsproblemen und -verzerrungen vorzubeugen, sollten die gemachten Beobachtungen zeitnah schriftlich festgehalten werden.
- *Trennung von Beobachtung und Interpretation:* Fragen Sie sich, was Sie tatsächlich wahrgenommen haben (Beobachtung) und was dies für Sie bedeutet (Interpretation).

Professionelle und standardisierte Beobachtung

Im Unterschied zu alltäglichen Beobachtungen ist das geschulte und professionelle Beobachten ein absichtsvolles und zielgerichtetes Wahrnehmen von Verhaltensweisen und Merkmalen. Die Beobachtung von Kindern im KiTa-Alltag sollte professionell, also absichtsvoll und zielgerichtet sein, wenn der Entwicklungsstand oder bestimmte Entwicklungsrisiken festgestellt werden sollen. Dazu muss die pädagogische Fachkraft in der KiTa selbstverständlich geschult sein oder werden, entweder bereits durch ihre Ausbildung oder durch spezielle Fortbildungen.

Eine große Hilfe für die Verbesserung und Objektivierung von Beobachtungen stellen standardisierte Beobachtungsverfahren dar. Darum verwundert es nicht, dass Beobachtungsverfahren heute oft Teil des pädagogischen Alltags sind. Die Beobachtung und Einschätzung von Entwicklung, Verhalten und Leistungen erfolgen hier auf Grundlage klarer Regeln. Beobachtungsverfahren sollten daher standardisiert sein und dabei bestimmten Gütekriterien genügen. Insbesondere ist auf die *Objektivität*, die *Zuverlässigkeit* (Reliabilität), die *Gültigkeit* (Validität) und die *entwicklungspsychologische Angemessenheit* zu achten (ausführlichere Erklärungen zu diesen Kriterien finden Sie unten im Absatz zu Screenings und Tests). Durch die Einhaltung dieser Kriterien in standardisierten Beobachtungsverfahren gelingt es, den Einfluss der oben geschilderten Einschränkungen und Verzerrungen von Beobachtungen zu minimieren.

Vorteile von standardisierten Beobachtungsverfahren liegen vor allem darin, dass sie sehr übersichtlich sind, sich einfach durchführen und auswerten lassen, das Zusammentragen und Einordnen von Beobachtungen unterschiedlicher Fachkräfte erleichtern und somit eine gute Gesprächsvorlage für den gezielten Austausch bieten. Sie leiten eine gezielte und systematische Beobachtung an. Besonders aber sensibilisieren standardisierte Beobachtungsverfahren für ungünstige Entwicklungen, bei denen ein genaueres diagnostisches Hinsehen notwendig ist.

4.2 Screenings und Tests

Die Durchführung von Screenings und Tests liegt in der Regel nicht in der Hand von Erzieherinnen oder Lehrerinnen. Dennoch ist es für alle pädagogischen Fachkräfte wichtig zu wissen, wie Screenings und Tests gestaltet sein sollen, wie deren Ergebnisse aussehen und was diese dann tatsächlich aussagen. Aus diesem Grund möchten wir Ihnen hier Hintergrund-Informationen geben, die Ihnen helfen sollen, Aussagen im Bereich von Screenings und Tests besser einordnen zu können.

Screenings und Tests sind standardisierte und normierte diagnostische Werkzeuge, die Beobachtungen ergänzen und präzisieren. Obwohl Screenings und Tests heute vielerorts Anwendung finden, lösen sie mitunter bei Praktikerinnen und Praktikern immer noch zwiespältige Gefühle aus und werden mit Skepsis betrachtet. Die Bedenken beziehen sich meist auf die Befürchtung, dass Testsituationen Kinder überfordern und für sie eine Stresssituation darstellen könnten. Auch ist manchmal zu hören, dass ein Test eine völlig künstliche Situation darstelle und lediglich eine Momentaufnahme der Fähigkeiten liefere, während die „wahren" Fähigkeiten hier gar nicht erfasst werden könnten. Teilweise wird auch angeführt, dass Fähigkeiten von Kindern grundsätzlich nicht messbar seien, sowie die Sorge geäußert, dass Kinder vorschnell in Schubladen gesteckt und stigmatisiert werden könnten.

Diese Bedenken und Vorbehalte bestehen durchaus nicht grundlos. Tatsächlich gibt es diagnostische Verfahren, die beispielsweise nicht altersgerecht gestaltet sind oder aber die bereits erwähnten Gütekriterien nicht erfüllen. Oft sind es aber nicht die Tests, sondern schlecht vorbereitete Untersucherinnen und Untersucher, die wenig auf die Bedürfnisse der Kinder eingehen und nicht darauf achten, eine (kinder-)freundliche Atmosphäre zu schaffen und somit das diagnostische Potenzial eines prinzipiell geeigneten Tests nicht nutzen.

Auch wenn falsche Anwendungen von Tests vorkommen und nicht alles, was Test heißt, auch ein guter Test ist, wäre es geradezu sträflich, auf Tests oder Screenings zu verzichten. So liefern qualitativ hochwertige, entwicklungsangemessene Screenings und Tests wichtige Informationen. In verschiedenen Entwicklungs- und Leistungsbereichen müssen sie sogar Beobachtungen ergänzen, weil bestimmte Probleme in der Entwicklung aufgrund einer Beobachtung allein nicht festgestellt werden könnten. Sie bilden eine Grundlage für das Erkennen konkreter Förderbedarfe und leisten somit einen wichtigen Beitrag.

Was aber macht solche Tests so wertvoll? Was leisten sie besser als andere diagnostische Methoden (wie etwa die Beobachtung oder die Befragung der Eltern)?

- Anhand eines Tests kann z. B. der Entwicklungsstand eines Kindes in dem Bereich, für den der Test *Gültigkeit* (Validität) besitzt, genau erfasst werden. Auch wenn die Entwicklung von Kind zu Kind sehr unterschiedlich verlaufen kann, weist der Test aufgrund von Altersnormen aus, ob die Fähigkeiten bzw. die gezeigten Leistungen des Kindes altersangemessen sind. Die individuellen Testleistungen eines Kindes werden aufgrund solcher Altersnormen mit den Leistungen einer großen Gruppe gleichaltriger Kinder verglichen. So lässt sich auch feststellen, wie die Leistung eines Kindes bezogen auf die Altersgruppe einzuordnen ist: Ist die Leistung des Kindes altersgemäß oder liegt sie in einem unteren Bereich, der ein Risiko für die weitere Leistungsentwicklung darstellt.
- Mit einem angemessenen Screening lässt sich in der Regel bestimmen, ob ein Kind, das sich kurz vor der Einschulung befindet, über hinreichende Kompetenzen in den für die Schulbereitschaft wesentlichen Entwicklungsbereichen verfügt. Ein Beispiel für die hierbei relevanten Entwicklungsbereiche können Sie den Grenzsteinen der Entwicklung von Michaelis entnehmen[13].
- Mit einigen Tests werden mehrere Fähigkeits- oder Entwicklungsbereiche untersucht, mit anderen nur detailliert ein einziger. Tests, mit denen detailliert nur ein Entwicklungsbereich geprüft wird, können die Stärken und Schwächen eines Kindes in diesem Bereich (z. B. der Sprache) besonders genau erfassen. Für die Planung von individuellen Fördermaßnahmen kann eine solche Beschreibung von Stärken und Schwächen des Kindes in einem Leistungsbereich sehr hilfreich sein.

Damit anhand der Ergebnisse eines Tests oder Screenings auch zuverlässig entschieden werden kann, ob ein Kind individuellen Förderbedarf hat, müssen solche diagnostischen Verfahren einige wichtige Kriterien erfüllen. Was genau zeichnet einen guten Test aus?

- *Ein Test muss standardisiert sein!* Man spricht hier von der *Objektivität* eines Tests, d. h. alle Kinder werden unter vergleichbaren (standardisierten) Bedingungen untersucht. Dies gilt sowohl für die Durchführung und die Auswertung des Tests als auch die Interpretation der Testergebnisse. So bekommen alle Kinder genau die gleichen Aufgaben gestellt und ihre Testleistungen werden nach den gleichen Kriterien bewertet. Und vor allem: Das Testergebnis hängt nicht von der Person ab, die den Test mit dem Kind durchführt.
- *Ein Test muss zuverlässig (reliabel) sein!* Er sollte beispielsweise unabhängig vom Zeitpunkt der Untersuchung immer zum gleichen Ergebnis bei einem

---

13   Michaelis, R. (2005). Entwicklung, Entwicklungsstörungen und Risikofaktoren im Säuglings- und Vorschulalter. In C. P. Speer (Hrsg.), *Pädiatrie* (3., vollständig neu bearbeitete Auflage, S. 21–34). Heidelberg: Springer.

Kind führen, also unabhängig von wechselnden äußeren Bedingungen. Solche Zuverlässigkeit erwarten wir beispielsweise bei einer Waage, die nicht morgens und abends oder bei Regen und Sonnenschein unterschiedliche Gewichtsangaben für ein und den selben Gegenstand, sondern immer gleich und exakt das richtige Gewicht angeben sollte.

- *Ein Test muss gültig (valide) sein!* Bei jedem Messinstrument erwarten wir, dass es genau das angibt, was es messen soll: Ein Thermometer die Temperatur, eine Uhr die Zeit; so auch bei einem Test: Wird mit dem Test also auch tatsächlich das erfasst, was er prüfen soll? Erfasst beispielsweise ein Sprachtest auch tatsächlich die sprachlichen Fähigkeiten eines Kindes und nicht seine Aufmerksamkeit oder mathematische Fähigkeiten?
- *Ein Test muss normiert sein!* Soll die Leistung eines Kindes als altersangemessen bewertet werden können, dann muss eine repräsentative und hinreichend große Gruppe von Kindern in den betreffenden Altersgruppen mit diesem Test untersucht worden sein. Die Ergebnisse dieser Untersuchung liefern dann die entsprechenden Altersnormen.
- Ganz wichtig ist auch, dass Tests entwicklungstheoretisch fundiert und an die Bedürfnisse der Kinder angepasst sind. Gute Tests sind kindgerecht und spielerisch gestaltet, sodass sich Kinder freuen, wenn sich mit ihnen intensiv befasst wird und sie ihre Fähigkeiten zeigen können. Die langjährige Erfahrung der Autoren dieser Handreichung bestätigt auch, dass die meisten Kinder sehr gerne an solchen Test-Untersuchungen teilnehmen.

Nur durch Tests und Screenings, die diese Kriterien erfüllen, ist es möglich, den Entwicklungsstand des Kindes in einem bestimmten Bereich objektiv und zuverlässig erfassen und einordnen zu können. Dann können auch mit einer hohen Sicherheit diejenigen Kinder erkannt werden, die eine gezielte Zusatzförderung benötigen.

Bislang wurde von Tests und Screenings gesprochen, ohne dass die Unterschiede ausreichend dargestellt wurden. Was sind die Unterschiede zwischen diesen beiden Untersuchungsverfahren? Wann wird sinnvollerweise eher ein Screening und wann eher ein Test eingesetzt?

Screening. Ein *Screening* (Siebverfahren) kann als eine Art Frühwarninstrument angesehen werden, wie etwa die Vorsorgeuntersuchungen in der Medizin. Ziel eines Screenings ist es, diejenigen Kinder zu identifizieren („heraus zu sieben"), bei denen ein Entwicklungsrisiko bzw. ein bestimmter Förderbedarf besteht. Das Ergebnis liefert einen Hinweis darauf, welche Kinder in dem im Screening geprüften Bereich nicht altersgemäß weit entwickelt sind. Mit einem Screening wird daher eine Grobeinschätzung vorgenommen. Um wirklich kein Kind mit einem Entwicklungsrisiko zu übersehen und ihm damit eine erforderliche Fördermaßnahme vorzuenthalten, wird bei einem Screening in Kauf genommen, dass auch Kinder als Risikokinder eingeschätzt werden, die in Wirklichkeit keinen zusätzlichen Förderbedarf haben. Deshalb kann ein Screening immer nur ein erster diagnostischer Schritt sein, der bei einem auffälligen Ergebnis immer einen zweiten Schritt erforderlich macht. Dann ist nämlich eine detailliertere Untersuchung mit einem Test anzuschließen, um eine exaktere Bestimmung der tatsächlichen Fähigkeiten vorzunehmen und ggf. eine entsprechende Diagnose durch eine diagnostisch ausgebildete Fachkraft zu stellen.

Test. Ein *Test* wird in der Regel dann eingesetzt, wenn ein begründeter Verdacht auf ein Entwicklungsrisiko besteht (z. B. ein auffälliges Ergebnis in einem Screening oder Hinweise aufgrund von systematischen Beobachtungen oder Befragungen vorliegen). Damit wird der entsprechende Leistungsbereich, in dem sich Auffälligkeiten gezeigt haben, sozusagen genauer unter die Lupe genommen. Tests erfordern meist einen höheren zeitlichen Aufwand, liefern dafür jedoch differenziertere Informationen über Risiken und Ressourcen, Stärken und Schwächen als ein Screening. Auf Grundlage der Ergebnisse eines Tests lassen sich daher gezielter Rückschlüsse über mögliche Fördermaßnahmen ziehen.

Damit Kinder nicht unnötig viel und zeitlich belastend untersucht werden, ist es also sinnvoll, die zweischrittige Abfolge von Screening und Test einzuhalten: (1) Im ersten Schritt kann in kurzer Zeit ein Risiko mit einem Screening bestimmt werden. (2) Bei einer Risikofeststellung wird in einem zweiten Schritt abgeklärt, ob (a) tatsächlich eine Leistungsauffälligkeit besteht und wenn ja, (b) wie diese näher zu beschreiben ist. In Abwägung der zur Verfügung stehenden Ressourcen führt eine darauf basierende Diagnose dann zu entsprechenden Maßnahmen, z. B. bestimmten Förderungen oder Therapien.

4.3 Erkennen von Entwicklungsrisiken im vorletzten Kindergartenjahr

Das Prinzip der abgestimmten und gestuften Anwendung verschiedener diagnostischer Methoden und Verfahren (Beobachtung und Befragung, Screening und Test) zur Untersuchung verschiedener Entwicklungsbereiche, wie u. a. Sprache, phonologische Verarbeitung, Motorik, lässt sich etwa durch eine veränderte Praxis der Einschulungsuntersuchung erreichen, wie sie beispielsweise seit 2009 in Baden-Württemberg umgesetzt wird. Die Screenings und Tests werden dort ca. 1 ½ Jahre vor der Einschulung von eigens dafür geschulten medizinischen Fachkräften des Öffentlichen Gesundheitsdienstes durchgeführt. Diese sollen auch das Verhalten des Kindes in verschiedenen Bereichen (z. B. Konzentration, Ausdauer, Arbeitshaltung, auffälliges Verhalten) beobachten und dokumentieren. Falls die Eltern einverstanden sind, werden zusätzlich die Entwicklungsbeobachtungen der pädagogischen Fachkräfte in den Kindertageseinrichtungen einbezogen. Auch die Eltern haben die Möglichkeit, mittels Fragebogen über ihre Beobachtungen und andere Informationen Auskunft über die Kinder zu geben.

Mit einer vorgezogenen Schuleingangsuntersuchung können zwei Ziele erreicht werden: (1) Gesundheitsförderung und Prävention und (2) Feststellung schulrelevanter gesundheitlicher Einschränkungen. In einem ersten Schritt bietet sich an, bei allen Kindern ein „Screening" durchzuführen. Wird bei den Screenings ein Risiko bei einem Kind festgestellt, so sollte ein ausgebildete Fachkraft unter Rückgriff auf geeignete Tests genauer bestimmen, ob und wenn ja welches Defizit beim Kind vorliegt. Zum vertieften Verständnis dieser diagnostischen Möglichkeiten stellen wir im Folgenden kurz die diagnostischen Verfahren vor, mit denen die Bereiche Körpermotorik, Hand-Finger-Motorik, Spracherwerb, kognitive Entwicklung sowie soziale und emotionale Kompetenz erfasst werden können.

Hier spielen zunächst Beobachtungsverfahren eine bedeutende Rolle. Anhand der „Grenzsteine der Entwicklung"[14] können Erzieherinnen beispielsweise im vorletzten Kindergartenjahr für jedes Kind das Erreichen der als Grenzsteine definierten Entwicklungsziele bewerten. Folgende sechs für die Schulbereitschaft aussagekräftige Entwicklungsbereiche werden hierbei eingeschätzt: Körpermotorik, Hand-Finger-Motorik, Spracherwerb, kognitive Entwicklung sowie soziale und emotionale Kompetenz. Als auffällig werden dabei diejenigen Kinder angesehen, die nicht in der Lage sind, die Aufgaben altersgerecht zu bewältigen. Eine erneute und erweiterte Einschätzung der Erzieherinnen mit den zusätzlichen Bereichen Körperbewusstsein und Entwicklung der Selbstständigkeit erfolgt ein Jahr später, im letzten Kindergartenjahr. Zusätzlich werden durch Fragen zu Stärken und Schwächen des Kindes eine mögliche Beeinträchtigung der Aufmerksamkeit und Konzentration abgeklärt (Fragebogen zu Stärken und Schwächen, SDQ).

Ergänzend kann auch ein Elternfragebogen eingesetzt werden. Er dient der Gewinnung von Informationen zur familiären, sozialen und gesundheitlichen Situation des jeweiligen Kindes. Neben diesem Fragebogen haben die Eltern die Möglichkeit, Fragen zu den Stärken und Schwächen in Verhalten und Leistung ihres Kindes zu beantworten.

Wie bereits erwähnt ist es empfehlenswert, die Anwendung von Screenings und Tests in verschiedenen Leistungs- und Entwicklungsbereichen vorzusehen. Beispielsweise hat sich im Bereich Sprache das Screening *HASE* (Heidelberger Auditives Screening in der Einschulungsdiagnostik – detaillierte Ausführungen siehe

---

14 Michaelis, R. (2005). Entwicklung, Entwicklungsstörungen und Risikofaktoren im Säuglings- und Vorschulalter. In C. P. Speer (Hrsg.), *Pädiatrie* (3., vollständig neu bearbeitete Auflage, S. 21–34). Heidelberg: Springer.

Kapitel 4.4) bewährt. Zeigen sich bei einem Kind Auffälligkeiten, so kann der Spracherwerbsstand im nächsten Schritt etwa mit dem Test *SETK 3-5* (Sprachentwicklungstest für drei- bis fünfjährige Kinder – detaillierte Ausführungen siehe Kapitel 4.4) untersucht werden. Bei Kindern mit einer anderen Muttersprache als Deutsch kann auch das erst vor kurzem vorgelegte Verfahren *LiSe-DaZ* (s. u. für eine ausführlichere Beschreibung) eingesetzt werden.

4.4 Verfahren zu den frühen Kompetenzen

Wenn wir im Folgenden einige diagnostische Verfahren vorstellen, dann nicht deshalb, weil wir annehmen, dass zukünftig Erzieherinnen in den Kindertageseinrichtungen Screenings und Test einsetzen sollen, um einen möglichen zusätzlichen Förderbedarf von Kindern zu identifizieren: Das soll auch zukünftig in der Hand des diagnostisch eigens ausgebildeten Fachpersonals liegen. Allerdings ist davon auszugehen, dass Erzieherinnen, die sich auf das hier beschriebene Konzept zur kompensatorischen Förderung von Kindern mit besonderem Förderbedarf einlassen, an „Runden Tischen" (vgl. Kapitel 5) über einzelne Kinder auch auf der Grundlage von den Ergebnissen solcher Verfahren diskutieren. Daher halten wir es für sinnvoll, hier ausgewählte diagnostischen Verfahren kurz zu beschrieben, die die oben geschilderten Gütekriterien erfüllen und Ihnen somit bei der Einschätzung der kindlichen Entwicklung gute Dienste leisten können. Wegen der besonderen Bedeutung werden Verfahren zur Untersuchung der Sprache und schriftsprachlicher Vorläuferfertigkeiten ausführlicher beschrieben. Aber auch einschlägige Verfahren für die Prüfung früher mathematischer Kompetenzen werden vorgestellt.

4.4.1 Sprache und Vorläuferfertigkeiten der Schriftsprache

Screenings

Heidelberger Auditives Screening in der Einschulungsdiagnostik (HASE)
H. Schöler und M. Brunner, 2008 (2., überarbeitete und erweiterte Auflage), Wertingen, Westra.

HASE hat das Ziel, Kinder mit einem Risiko für Sprach- bzw. Schriftspracherwerbsstörungen frühzeitig aufzufinden. Das Screening enthält vier Aufgabengruppen: Nachsprechen von Sätzen (NS), Nachsprechen von Kunstwörtern (NK), Wiederholen von Zahlenfolgen (WZ) und Erkennen von Wortfamilien (EW). Die Aufgaben erlauben Einschätzungen der allgemeinen Sprachleistungsfähigkeit eines Kindes (NS) und der Funktionstüchtigkeit des sprachlichen Arbeitsgedächtnisses (NK, WZ). Bei einem Kind mit Migrationshintergrund, das Deutsch als Zweitsprache erlernt, sollte Folgendes beachtet werden: Nur wenn das Kind über ausreichende Deutschkenntnisse verfügt, sind die Ergebnisse der Aufgaben „Nachsprechen von Sätzen" und „Erkennen von Wortfamilien" interpretierbar. Zeigt das Kind bei diesen Aufgaben auffallend geringe Leistungen, aber unauffällige Leistungen bei den Aufgaben „Nachsprechen von Kunstwörtern" und „Wiedergabe von Zahlenfolgen", so ist anzunehmen, dass das Kind nur unzureichende Deutschkenntnisse besitzt.

Bielefelder Screening zur Früherkennung von Lese-Rechtschreibschwierigkeiten (BISC)
H. Jansen, G. Mannhaupt, H. Marx und H. Skowronek, 2002 (2., überarbeitete Auflage), Göttingen, Hogrefe.

Das BISC hat zum Ziel, Kinder mit einem erhöhten Risiko zur Ausbildung von Lese-Rechtschreibschwierigkeiten frühzeitig zu erkennen. Das Verfahren basiert auf der Annahme, dass eine nicht ausreichend ausgebildete phonologische Bewusstheit sowie Aufmerksamkeits- und Arbeitsgedächtnisprobleme für später auftretende Lese-Rechtschreibschwierigkeiten verantwortlich sind. Das BISC besteht aus insgesamt neun verschiedenen Aufgabentypen, die diese Bereiche abbilden. Die phonologische Bewusstheit wird z. B. über „Reime erkennen" und „Silben segmentieren" erfasst. Aufgabe zur Prüfung der Aufmerksamkeit ist die „Wort-Vergleich-Suchaufgabe" und die Funktionstüchtigkeit des sprachlichen Arbeitsgedächtnisses wird z. B. über das „Kunstwörter Nachsprechen" oder auch „Schnelles Benennen" erfasst. Die vorliegenden Normen für den BISC erlauben den aussagekräftigen Einsatz des Verfahrens ca. zehn Monate bzw. vier Monate vor der Einschulung. Daher wird dieses Screening auch benutzt, um die Wirkung von vorschulischen Fördermaßnahmen zu überprüfen. Dabei ist allerdings darauf zu achten, dass der Einsatz zum jeweils richtigen Zeitpunkt (Adventszeit sowie unmittelbar nach den Osterferien) erfolgt.

Tests

Sprachentwicklungstest für drei- bis fünfjährige Kinder (SETK 3-5)
H. Grimm unter Mitarbeit von M. Aktas und S. Frevert, 2010 (2. Auflage), Göttingen, Hogrefe.

Der SETK 3-5 ist der im Kindergartenalter derzeit am häufigsten eingesetzte Sprachtest. Mit vier Aufgabentypen bei dreijährigen Kindern und mit fünf Aufgabentypen bei vier- bis fünfjährigen Kindern wird das Sprachverstehen, die Sprachproduktion und die Funktionstüchtigkeit des sprachlichen Arbeitsgedächtnisses erfasst.

Das Sprachverstehen wird durch 15 Aufgaben unterschiedlicher grammatikalischer Komplexität geprüft (z. B. „Leg den blauen Stift unter den Sack").

Die Sprachproduktion wird über Aufgaben zur Pluralbildung erfasst. Neben bekannten Wörtern (z. B. „Fisch") soll das Kind auch den Plural von Kunstwörtern (z. B. „ein Riban, mehrere ...?") bilden. Dem Kind werden dazu unterstützend Bildkarten mit einem und mehreren Objekten gezeigt.

Die Funktionstüchtigkeit des sprachlichen Arbeitsgedächtnisses wird durch drei Aufgabentypen geprüft. Bei der Aufgabe „Phonologisches Arbeitsgedächtnis für Nichtwörter" müssen die Kinder Phantasiewörter, die ihnen vorgesprochen werden, wiederholen (z. B. „Billop" oder „Skatagurp"). Auf diese Weise wird die Fähigkeit geprüft, neue und bisher unbekannte Lautmuster im Arbeitsgedächtnis zu behalten. Bei den Aufgaben zum „Satzgedächtnis" soll das Kind sechs bis zehn Wörter umfassende korrekte Sätze und Sätze ohne inhaltliche Bedeutung (Quatschsätze) nachsprechen (z. B. „Die Ente sitzt neben dem Auto"; „Auf einer dummen Flasche strickt ein kaputter Vogel"). Die Sätze ohne inhaltliche Bedeutung sind rein syntaktisch-morphologisch korrekt gebildet. Auf diese Weise kann die Nutzung grammatikalischen Wissens gemessen werden. Mit der Aufgabe „Gedächtnisspanne für Wortfolgen" wird die Merkspanne für Wörter geprüft, bekannte jedoch inhaltlich in keinem Zusammenhang stehende Wörter in der vorgegebenen Abfolge zu wiederholen (z. B. „Kuh – Tisch – Mann").

Aktiver Wortschatztest für 3- bis 5-jährige Kinder – Revision (AWST-R)
C. Kiese-Himmel, 2005, Göttingen, Hogrefe.

Der AWST-R ist ein Bildbenennungstest zur Beurteilung des aktiven Wortschatzes von drei- bis fünfjährigen Kindern. Auf 75 Fotos, die das Kind benennen soll, werden 51 Substantive und 24 Verben dargestellt. Die Bildvorlagen werden dem Kind jeweils mit der Aufforderung „Was ist das?" (bei Substantiven) oder „Was macht die/der?" (bei Verben) vorgelegt. Die Wörter sind aus dem lebens- und alltagsnahen Wortschatz von Kindern gewählt und berücksichtigen unterschiedliche Inhaltsbereiche.

Beobachtungsverfahren

Sprache und Literacy bei deutschsprachig aufwachsenden Kindern – SELDAK
M. Ulich und T. Mayr, 2006, Freiburg, Herder.

SELDAK ist ein Beobachtungsverfahren für pädagogische Fachkräfte in Kindertageseinrichtungen zur Einschätzung der Sprach- und Literacy-Entwicklung. Zielgruppe sind Kinder im Alter von vier bis sechs Jahren, die mit Deutsch als Erstsprache aufwachsen. Primäres Ziel ist die Dokumentation einer unauffälligen sprachlichen Entwicklung. Auch wenn SELDAK nicht für die Diagnostik von Sprachstörungen entwickelt wurde, können ungünstige Sprachentwicklungen hierüber frühzeitig erkannt werden. Über die SELDAK-Beobachtungsbögen können unterschiedliche Teilaspekte der Sprachentwicklung strukturiert erfasst

werden. Der Beobachtungsbogen ist in zwei Teile unterteilt. Der erste Teil erfasst die Sprachmotivation und das Interesse an sprachbezogenen Aktivitäten,
also z. B. die sprachliche Aktivität von Kindern in Gesprächsrunden oder bei der
Betrachtung von Bilderbüchern. Der zweite Teil erfasst die sprachliche Kompetenz im engeren Sinne, also z. B. die phonologische Bewusstheit sowie Sprachverständnis, Grammatik und Wortschatz. Das Verfahren wird im frühpädagogi-
schen Bereich häufig genutzt. Die Einzelbeobachtung eines Kindes muss mit
etwa 90 Minuten veranschlagt werden.

Exkurs: Die Erfassung sprachlicher Fähigkeiten von Kindern mit Deutsch als Zweitsprache

Neben vielen Alltagserfahrungen zeigen auch die Ergebnisse vieler wissenschaftlicher Untersuchungen, dass Kinder und Jugendliche mit Migrationshintergrund oft unzureichende Kenntnisse der deutschen Sprache haben und
dadurch ein hohes Risiko für späteren schulischen Misserfolg haben. Eine
besondere Herausforderung ist es, die sprachlichen Fähigkeiten von Kindern
mit Deutsch als Zweitsprache (DaZ) zu erfassen. Hier stellt sich nämlich eine
wichtige Frage: Entwickelt sich die Sprachfähigkeit eines Kindes eigentlich
ganz normal, und es schneidet in einem Test nur deswegen schlechter ab,
weil es erst seit kurzem Deutsch lernt, oder liegt tatsächlich ein Sprachent-
wicklungsproblem vor? Diese Frage zu beantworten ist oft nicht leicht, da
die Dauer des Kontaktes mit der Sprache Deutsch natürlich einen großen
Einfluss hat.

Seit kurzem liegt nunmehr ein **Test** vor, der sich die Erfassung sprachlicher
Fähigkeiten von Kindern mit Deutsch als Zweitsprache zum Ziel gesetzt hat:
Linguistische Sprachstandserhebung – Deutsch als Zweitsprache (LiSe-DaZ)
von Petra Schulz und Rosemarie Tracy in Verbindung mit der Baden-Würt-
temberg Stiftung (Hogrefe, 2012). Für die Gruppe von Kindern mit Deutsch
als Zweitsprache liegt eine eigene Normstichprobe vor und erlaubt somit die
Einschätzung zentraler sprachlicher Fähigkeiten im Vergleich zu anderen
Kindern mit DaZ, die sich in der gleichen Spracherwerbsphase befinden. Das
Verfahren orientiert sich an besonders charakteristischen Meilensteinen des
Spracherwerbs. Es beinhaltet sieben verschiedene Aufgabenbereiche. Hervorzuheben ist auch, dass die Gestaltung der Testaufgaben der multikultu-
rellen Realität der Kinder Rechnung trägt.

Als praxistaugliches **Beobachtungsverfahren** zur Einschätzung der sprachlichen Entwicklung von mehrsprachig aufwachsenden Kindergartenkindern
sei an dieser Stelle *SISMIK (Sprachverhalten und Interesse an Sprache bei
Migrantenkindern in Kindertageseinrichtungen)* von Michaela Ulich und
Toni Mayr (Herder, 2003) genannt.

Empfehlungen zum Weiterlesen

Grimm, H. (2013). *Handreichung für Erzieherinnen und Erzieher zum SETK 3-5* (3. Aufl.). Göttingen: Hogrefe.

Kany, W. & Schöler, H. (2010). *Fokus: Sprachdiagnostik. Leitfaden zur Sprachbestimmung im Kindergarten* (2., erweiterte Aufl.). Berlin: Cornelsen Scriptor.

4.4.2 Mathematik

Osnabrücker Test zur Zahlbegriffsentwicklung (OTZ)
J. E. H. van Luit, B. A. M. van de Rijt und K. Hasemann, 2001, Göttingen, Hogrefe.

Der OTZ erfasst den Stand der Zahlbegriffsentwicklung bei Kindern zwischen viereinhalb und sieben Jahren. Acht Komponenten des frühen Zahlbegriffs werden unterschieden. Der Test ist besonders dazu geeignet, etwa zur Mitte des vorletzten Kindergartenjahres diejenigen Kinder zu identifizieren, bei denen die Zahlbegriffsentwicklung im Vergleich zu ihren Altersgenossen verzögert ist.

Neuropsychologische Testbatterie für Zahlenverarbeitung und Rechnen bei Kindern – Kindergartenversion (ZAREKI-K)
M. Aster, M. W. Bzufka und R. R. Horn, 2009, Göttingen, Hogrefe.

Mit der ZAREKI-K können für die Entwicklung früher mathematischer Basiskompetenzen bedeutsame Aspekte des Zahlenverständnisses, der Zahlenverarbeitung und des rechnerischen Operierens in verschiedenen Aufgabengruppen überprüft werden. Insgesamt enthält die ZAREKI-K 18 unterschiedliche Aufgabentypen, darunter das Vorwärts- und Rückwärtszählen, Vorgänger/Nachfolger, Zahlenschreiben, Zahlenvergleich sowie Kopfrechnen und Zahlenstrahl.

5 Runde Tische – Baustein für enge Zusammenarbeit

Die erziehungspartnerschaftliche Verantwortung von Eltern und pädagogischen Fachkräften wird in dem in dieser Handreichung beschriebenen Konzept der Zusatzförderung von Kindern mit schulrelevanten Entwicklungsrisiken nirgends sichtbarer als an den „Runden Tischen". Dieses Kapitel informiert über Aufbau und bewährte Arbeitsweisen des „Runden Tisches". Dabei werden auch Hilfsmittel für die Gestaltung der Arbeit am „Runden Tisch" bereit gestellt und erläutert.

Ab etwa dem vierten Lebensjahr wird für die meisten Kinder neben der Familie die Kindertageseinrichtung (KiTa) zur prägenden Lebensstätte. Familie und KiTa sind gemeinsam verantwortlich dafür, dass Kinder sich Kenntnisse aneignen, Fertigkeiten und Kompetenzen entwickeln, Werthaltungen annehmen und angemessene Verhaltensweisen erlernen. Dabei ist es wichtig, dass Familie und KiTa eng miteinander kooperieren, denn besonders im Kindergartenalter werden entscheidende Weichen für die Entwicklung des Kindes gestellt. Eine enge Zusammenarbeit und Abstimmung zwischen den für den Entwicklungsverlauf des einzelnen Kindes bedeutsamen Personen und Institutionen ist daher unerlässlich. Neben der Bedeutsamkeit einer guten Zusammenarbeit zwischen Eltern und Kindergarten ist, wie in Kapitel 2 bereits ausgeführt, auch die Kooperation der Bildungsinstitutionen im Elementar- und Primarbereich von großer Bedeutung. Dies ist insbesondere auch in Hinblick auf einen gelingenden Übergang von der KiTa in die Grundschule wichtig, der auf den weiteren Bildungserfolg der Kinder Einfluss hat.

In dem in dieser Handreichung vorgeschlagenen Konzept einer gezielten Zusatzförderung der Schulbereitschaft von Kindern mit Entwicklungsrisiken erhält der sogenannte „Runde Tisch" eine zentrale Stellung. Der „Runde Tisch" bietet die große Chance einer engen Zusammenarbeit zwischen dem pädagogischen Fachpersonal in KiTa und Grundschule und den Eltern der Kinder, bei denen ein möglicher Förderbedarf besteht. Diese Zusammenarbeit der für das Kind wichtigen Personen erhöht die Chancen, dass auch die erforderlichen Fördermaßnahmen ergriffen werden, die den Weg für einen gelingenden Schulstart des Kindes ebnen.[15]

Mit dem „Runden Tisch" wurden schon seit vielen Jahren in Skandinavien sehr gute Erfahrungen gemacht. Der Begriff bezeichnet verschiedenartige Treffen und

---

15 Krebs, K., Ehm, J.-H. & Hasselhorn, M. (2012). „Runde Tische" im Projekt „Schulreifes Kind" *Frühe Bildung, 1,* 20–25.

Gespräche über die individuelle Situation einzelner Kinder und deren bisherige und zu erwartende Entwicklung, an denen die Eltern des Kindes sowie Vertreterinnen der KiTa und der Grundschule teilnehmen. Je nach Möglichkeit und Bedarf können zudem weitere Expertinnen und Fachleute (z. B. von der Frühförderstelle, dem Gesundheitsamt oder von sozialen Diensten) zu den Runden Tischen hinzugezogen werden. Im Mittelpunkt der Gespräche am Runden Tisch steht also das einzelne Kind, seine individuelle Entwicklung, die gegenwärtige Situation für das Kind, die an ihm beobachteten Phänomene und Verhaltensweisen, die Anlass zur Sorge geben, seine Stärken und Kompetenzen, die konkreten Möglichkeiten der weiteren Entwicklungsbegleitung und die Frage, ob das Kind zusätzlichen gezielten Förderbedarf insbesondere in Hinblick auf einen gelingenden Schulstart hat. Ziel dieser Gespräche ist es, gemeinsam die Stärken und Schwächen des Kindes zu identifizieren, für das der Runde Tisch einberufen wurde, und gegebenenfalls Entscheidungen darüber zu treffen, ob es eine gezielte Zusatzförderung haben soll und welche geeigneten Möglichkeiten dafür zur Verfügung stehen.

Der folgende Ablauf der Gespräche am Runden Tische hat sich bewährt: Unter Moderation einer pädagogischen Fachkraft bekommen zunächst die Eltern die Möglichkeit, ihren Eindruck vom Entwicklungsstand ihres Kindes zu beschreiben. Sie schildern ihre Sicht der allgemeinen Interessen sowie Stärken und Schwächen ihres Kindes. Anschließend werden die Beobachtungen aus der Kindertageseinrichtung von der Erzieherin dargestellt, die das Kind besonders gut kennt. Wenn möglich, hat sie zur Vorbereitung der Gespräche eines der im Kapitel Diagnostik vorgestellten Beobachtungsverfahren durchgeführt, um auf dieser standardisierten Grundlage Einschätzungen zu Sprachentwicklung, Konzentration, Umgang mit Gleichaltrigen, Spielverhalten aber auch dem Selbstkonzept des Kindes abzugeben. Möglicherweise gibt es weitere Informationen professioneller Einrichtungen (z. B. Frühförderstelle, Erziehungsberatung, Kinderarzt) über das Kind, die – wenn die Eltern dem zustimmen – in die Gespräche am Runden Tisch eingebracht werden können. Auf Grundlage all dieser Informationen aus den unterschiedlichen Perspektiven wird beim ersten Treffen gemeinsam festgelegt, ob das Kind eine gezielte Zusatzförderung erhalten sollte. Diese auf die individuellen Bedürfnisse des Kindes möglichst genau zugeschnittene Förderentscheidung wird von allen Teilnehmenden einvernehmlich getroffen. Sie muss selbstverständlich auch den jeweiligen Optionen und Gegebenheiten vor Ort angepasst sein (Förderort, Förderfachkraft, mögliche Fördermaßnahmen). Bei besonderem Förderbedarf eines Kindes, der über die mögliche Zusatzförderung in der Kindertageseinrichtung oder der Grundschule hinausgeht, können die Teilnehmenden des Runden Tisches selbstverständlich auch über eine intensivere Einzelförderung oder Therapie, wie z. B. Logopädie oder Ergotherapie, beraten und entsprechende Empfehlungen abgeben.

Auf das erste Gespräch am Runden Tisch folgen oftmals weitere, in denen etwa das zukünftige Vorgehen und die Frage der Überprüfung vereinbarter Ziele besprochen werden können. So können über den Runden Tisch günstige Bedingungen für einen gelingenden Übergang in die Grundschule geschaffen werden, die auch Kindern mit schulrelevanten Entwicklungsrisiken einen guten Schulstart und insgesamt eine erfolgreiche, positive persönliche Weiterentwicklung ermöglichen.

Exkurs: Evaluation der Runden Tische in Baden-Württemberg

Seit der Einführung der Runden Tische als zentrales Element des bereits mehrfach erwähnten Projektes zur kompensatorischen Zusatzförderung wurden zwei Evaluationsstudien durchgeführt, um Informationen über die Zufriedenheit und Hinweise für eine zielführende Gestaltung der Runden Tische zu erhalten. Die Ergebnisse der Befragungen weisen insgesamt auf eine gute Zusammenarbeit zwischen pädagogischen Fachkräften und Eltern hin. Als besonders positiv wurde herausgestellt, dass es bei den Treffen zu einem gezielten Austausch über die Kinder aus den unterschiedlichsten Blickwinkeln kommt.

Nach Ansicht aller Befragten stellen die Runden Tische eine gute Möglichkeit dar, die Eltern enger in vorschulische Förderentscheidungen mit einzubinden. Gerade die Beteiligung der Eltern bildet die Voraussetzung für das Gelingen einer Zusatzförderung. So ist es nicht nur wichtig, dass Eltern die Zusatzförderung ihres Kindes akzeptieren, sondern diese auch durch eigene Anregungen und Bemühungen mittragen und unterstützen.

Zur besseren Planung und Durchführung der Runden Tische wurde eine Planungshilfe erstellt, die im Anhang und als ausdruckbares Dokument auf der beiliegenden CD zu finden ist. Diese Planungshilfe enthält zum einen Checklisten, anhand derer die für die Vorbereitung und Durchführung nötigen Schritte/Punkte abgehakt werden können, und zum anderen Protokollbögen, über die wichtige Inhalte, Informationen und Beschlüsse der Treffen am Runden Tisch festgehalten werden können.

6 Förderung – Maßnahmen und Tipps

Dieses Kapitel widmet sich der konkreten Umsetzung der Zusatzförderung für Kinder mit schulrelevanten Entwicklungsrisiken. Neben der Nutzung eines Förderplanes wird auf weitere Planungshilfen zur gezielten Förderung hingewiesen. Die in der Erprobung des Ansatzes in Baden-Württemberg besonders bewährten allgemeinen Förder-Tipps sind ebenso Gegenstand dieses Kapitels wie eine Auflistung von einschlägigen wissenschaftlich wie praktisch bewährten Förderprogrammen, die sich gut für Zusatzförderungen eignen. Schließlich wird ein erprobtes Fördertagebuch vorgestellt.

Eine frühzeitige und gezielte Zusatzförderung von Kindern mit schulrelevanten Entwicklungsrisiken verbessert ihre Chancen für einen gelingenden Schulstart und einen erfolgreichen Bildungsweg. Daher bietet die in dieser Handreichung beschriebene Konzeption eine sinnvolle Ergänzung für das Spektrum der professionellen Förderung von Kindern im Übergang vom Elementarbereich zum Primarbereich. In den vorangegangenen Kapiteln wurden die frühen Kompetenzen vorgestellt, die für die Kulturtechniken Lesen, Schreiben und Rechnen besonders bedeutsam sind (vgl. Kapitel 3), es wurde aufgezeigt, wie Entwicklungsrisiken erkannt werden (vgl. Kapitel 4), und wie es am Runden Tisch zu der Entscheidung kommt, ob ein Kind eine gezielte Zusatzförderung erhalten sollte (vgl. Kapitel 5). Was aber ist zu tun, wenn Eltern und pädagogische Fachkräfte am „Runden Tisch" zu der gemeinsamen Entscheidung kommen, das Kind solle eine gezielte Zusatzförderung erhalten? Was können entsprechend fortgebildete Erzieherinnen oder Grundschullehrerinnen tun, um den betroffenen Kindern zu helfen, ihr Entwicklungsrisiko abzubauen? Wann sollte welche Fördermaßnahme zur Anwendung kommen? Fragen dieser Art zu beantworten, ist das Ziel dieses sechsten Kapitels. Dazu werden Hinweise unterschiedlicher Art gegeben. Diese reichen vom Vorschlag, einen Förderplan zu verwenden, über grundlegende Planungshilfen für die Erstellung eines Förderplans und allgemeine Förder-Tipps bis hin zu einer Übersicht, welche Ansätze und Maßnahmen sich als besonders geeignet erwiesen haben, um entsprechende Kompetenzen bei Kindern zu verbessern. Dabei verstehen wir unter „geeignet" solche Förderansätze, die praktisch erprobt und wissenschaftlich als nachhaltig wirksam nachgewiesen werden konnten.

6.1 Förderplan

Der Förderplan stellt das zentrale Bindeglied zwischen Diagnostik und Förderung dar. Gemeinsam mit allen Beteiligten werden die Eckpunkte des Förderplans am Runden Tisch entworfen und dabei die individuellen Bedarfe des Kindes ebenso

berücksichtigt, wie die vor Ort konkret verfügbaren Möglichkeiten zur Zusatzförderung. Wichtig ist dabei, am bereits erreichten Entwicklungsstand des Kindes anzuknüpfen, also vorrangig darauf zu schauen, was das Kind schon kann
(Kompetenz-, Ressourcenorientierung), ohne zu ignorieren, was das Kind noch
nicht (leisten) kann bzw. welche Schwächen es hat.

Der Förderplan beginnt damit, zunächst die derzeitigen Umstände und den ak-
tuellen Entwicklungsstand des Kindes zu beschreiben. Darauf aufbauend sind
die konkreten Förderziele zu formulieren. Es hat sich in der Praxis bewährt, neben
Langzeitzielen auch kleinschrittige, schneller erreichbare Ziele zu definieren und
zu überlegen, mit welchen Maßnahmen diese erreicht werden können.

Der Förderplan dient nicht nur der Planung der für ein Kind angedachten Zusatzförderung, sondern er ist gleichzeitig ein Instrument, mit dem die mit der Umsetzung der Zusatzförderung befasste Fachkraft immer wieder überprüfen kann,
ob diese die erhofften Veränderungen beim Kind bewirkt: Macht das Kind Fortschritte? Bin ich mit meiner Förderung noch im Plan? Oder sind Veränderungen
im Förderplan nötig?

Der Förderplan bildet somit die Grundlage einer gezielten Zusatzförderung. Was
im Förderplan steht, kommt ganz auf den Einzelfall an. In Kapitel 3 hatten wir
bereits erläutert, dass es einen Unterschied macht, ob die Förderziele die Veränderung allgemeiner individueller Voraussetzungen betrifft (z. B. Denken und Aufmerksamkeit), oder ob es sich dabei um eher bereichsspezifische individuelle Voraussetzungen (z. B. phonologische Bewusstheit, Mengenvergleich) handelt.

6.2 Planungshilfen

Wurde als Ziel vereinbart, eine bestimmte Kompetenz bzw. einen spezifischen
Bereich zu fördern, so muss bei der Erstellung des Förderplans darauf geachtet
werden, dass passende, auf genau diesen Bereich zugeschnittene Fördermaßnahmen ausgewählt werden. Hierzu gibt es einige Punkte, die bei der Suche nach
einem geeigneten Ansatz Orientierung geben können und bei der Auswahl beachtet werden sollten:
1. Der Förderansatz sollte eine klar definierte *pädagogische Zielsetzung* haben.
   Daher ist es wichtig, genau zu beachten und festzuhalten, auf welche Fertigkeiten und Kompetenzen des Kindes er jeweils zielt.
2. Es sollte gut ersichtlich sein, welche *Anforderungen* die Fördermaßnahmen
   an das Kind stellen und was das Kind schon können sollte, damit die Zusatzförderung gelingen kann. Bei der Auswahl von Fördermaßnahmen muss daher
   immer die individuelle Ausgangslage des betroffenen Kindes im Blick behalten werden. Nur wenn der ausgewählte Förderansatz mit seinen Anforderun-

gen zum erreichten Entwicklungsstand des Kindes passt, kann auch mit Erfolg gerechnet werden. Aus diesem Grunde ist eine genaue Diagnostik (vgl. Kapitel 4) und darauf abgestimmte *individuelle* Förderplanung vor Beginn einer entsprechenden Zusatzförderung unerlässlich.

3. Die Fördermaßnahmen sollten *systematisch* strukturiert sein, die Art der Durchführung sollte festgelegt und klar geregelt sowie die Durchführungsdauer begrenzt sein.

4. Über empirische Studien (wissenschaftliche Evaluationen) sollte ein *Nachweis der prinzipiellen Wirksamkeit* des Ansatzes vorliegen. Liegt ein solcher nicht vor, bedeutet dies nicht, dass der Förderansatz nicht wirksam ist. Ohne einen wissenschaftlichen Nachweis der Wirksamkeit können wir aber nicht entscheiden, ob ein Ansatz das Potenzial hat, die festgelegten Förderziele zu erreichen.

5. Ein weiterer, oft übersehener Punkt ist die Passung zwischen dem Förderkonzept und der Person, die dieses im Rahmen der Zusatzförderung umsetzt. Eine gute *Einarbeitung* ist nötig, damit sich die/der Durchführende wohl und sicher fühlt. Hierzu sollte Zeit für eine gründliche Einarbeitung vorhanden sein.

6. Zusätzlich ist auch die *Praxistauglichkeit* des Förderansatzes ein wichtiger Punkt. Bei einer guten Fördermaßnahme muss nicht nur gesichert sein, dass sie einer wissenschaftlichen Prüfung standhält, sondern auch, dass sie in der Praxis hinreichend erprobt wurde und sich dort als tauglich erwiesen hat. Bei der Auswahl eines Ansatzes sollten insbesondere die folgenden Punkte beachtet werden:
   - Es sollte klar ersichtlich sein, ob für die Durchführung eine besondere Qualifikation erforderlich ist.
   - Die Handhabung der Fördermaßnahmen sollte gut dokumentiert, strukturiert und verständlich sein.
   - Der Aufbau der Förderung sollte so einfach wie möglich sein, denn es gilt: je einfacher, desto geringer das Risiko von Durchführungsfehlern.

Das Vorgehen im Rahmen solcher Förderansätze ist oftmals sehr viel festgelegter (standardisierter), als es pädagogische Fachkräfte im Kindergarten traditionell gewohnt sind. Dies hat seinen berechtigten Grund: Viele Kinder mit besonderen Entwicklungsrisiken profitieren von gezielten Zusatzfördermaßnahmen nur dann nachhaltig, wenn diese sehr intensiv in standardisierter Weise umgesetzt werden. Immer wieder werden Klagen aus der Praxis laut, dass trotz großer Bemühungen, die Grundideen eines Förderansatzes umzusetzen, die erhofften Wirkungen ausgeblieben sind. Bei genauer Nachprüfung zeigt sich dann oftmals, dass zwar entsprechende Übungen im Sinne des gewählten Ansatzes mit den Kindern durchgeführt wurden, allerdings die standardisierten Vorgaben der Umsetzung nicht eingehalten wurden. Förderansätze, wie sie weiter unten in Kapitel 6.4 vorgestellt werden, können als eine professionelle Anleitung verstanden werden, wie die spezifischen Kompetenzbereiche bei Kindern mit schulrelevanten Entwicklungsrisiken wirksam gefördert werden können. Für die pädagogische Fachkraft bedeutet dies, dass sie Expertin in der Durchführung der standardisierten Fördermaßnahme werden muss, die sie mit den ihr anvertrauten Kindern durchführen will. Dazu gehört mehr als nur das Lesen dieser Handreichung: Es geht nicht um bloßes *Wissen,* sondern um *Können.*

Angesichts der Vielzahl verschiedenster Förderansätze ist es hilfreich, eine Vorauswahl zu berücksichtigen. Für diese Handreichung wurden, wie bereits eingangs angemerkt, in Abhängigkeit vom Förderbereich jeweils Ansätze ausgewählt, die in wissenschaftlichen Studien ihre Wirksamkeit nachweisen konnten und sich auch in der Praxis bewährt haben.

6.3 Allgemeine Förder-Tipps

Die meisten pädagogischen Fachkräfte werden die hier zusammen getragenen Hinweise und Tipps kennen und in ihrem Erziehungsalltag beachten. Vielleicht kann der eine oder andere der nachfolgenden Hinweise und Tipps dennoch eine zusätzliche Anregung bieten.

Tipp 1: Die Gruppen mit Zusatzförderung sollten möglichst klein sein. Daher ist vorab sicher zu stellen, dass die Kinder in der Zusatzfördergruppe auch tatsächlich ein Entwicklungsrisiko im spezifischen Förderbereich der Kleingruppe haben.

Die Zusatzförderung zur Steigerung der Schulbereitschaft von Kindern mit entsprechenden Entwicklungsrisiken ist in der Regel besonders wirksam, wenn sie in kleinen Gruppen erfolgen kann. In eine solche Kleingruppe sollten daher auch nur die Kinder aufgenommen werden, bei denen auch tatsächlich ein entsprechender Zusatzförderbedarf vorliegt! Die Ergebnisse einer fachlich angemessenen Diagnostik sowie die Überlegungen und Vorschläge am Runden Tisch sollten berücksichtigt werden (siehe Kapitel 4 und 5). Der Förderplan jedes einzelnen Kindes der Gruppe sollte dabei helfen, die Zusatzförderung zielgerichtet auf den individuellen Bedarf anzupassen.

Tipp 2: Auch eine Zusatzförderung kann nur gelingen, wenn eine gute Beziehung zwischen dem Kind und der pädagogischen Fachkraft aufgebaut werden konnte.

Es gehört zu den Binsenweisheiten der Elementarpädagogik, dass eine positive, vertrauensvolle Beziehung zwischen pädagogischer Fachkraft und Kind für dessen Entwicklung unerlässlich ist. Für Kinder mit einem Entwicklungsrisiko in einer Kleingruppe mit einer Zusatzförderung scheint dies in besonderem Maße zu gelten. Aufgrund der Zusatzförderung und der Teilnahme an einer Kleingruppe besteht immer die Gefahr, dass ein Kind von anderen Kindern oder anderen Personen negativ etikettiert wird. Daher ist es besonders wichtig, dass die mit der Zusatzförderung betraute Fachkraft eine gute, aber auch authentische Beziehung zum Kind aufbaut.

Eine gute Möglichkeit dafür bietet die Beobachtung der individuellen Stärken eines Kindes. Solche zu entdecken und zu nutzen, kann helfen, auch ein positives Bild von dem Kind zu bekommen, das in vielerlei Hinsicht schwierig zu sein scheint. Im Übrigen hilft dies nicht nur, die Beziehung zu besonders schwierigen Kindern zu verbessern, sondern trägt auch dazu bei, das Selbstbewusstsein des Kindes stärken.

Tipp 3: Etikettierungen für die Kinder der Fördergruppe sollten vermieden werden.

Wie bereits oben dargestellt, besteht immer die Gefahr, dass die Kinder einer Zusatzfördergruppe negativ von anderen bewertet werden. Um solche Etikettierungsprozesse zu vermeiden, sollte nicht der Eindruck entstehen, dass die Kinder der Gruppe noch nicht genug können. Bei einer Namensgebung für eine Gruppe mit Zusatzförderung sollte auf negativ zu deutende Wörter verzichtet werden. Ungünstig ist es daher, im Alltag von „Fördergruppe" zu sprechen. Erstrebenswert wäre es, wenn alle Kinder in der KiTa den Eindruck haben, die Zusatzfördergruppe sei eine Gruppe wie alle anderen Gruppen auch, und dass die, die in der Gruppe sind, Spaß daran haben.

Tipp 4: Das Spiel ist die vorherrschende Form des Lernens im Kindergartenalter.

Eine Zusatzförderung zur Verbesserung der Schulbereitschaft muss die im Kindergartenalter vorherrschende Lernform berücksichtigen. Auch den Kindern mit Entwicklungsrisiken sollten daher die für späteren Bildungserfolg wichtigen Kompetenzen im Spiel vermittelt werden. Im besten Fall sollen die Kinder bei den Übungen der Zusatzförderung das Gefühl haben zu spielen.

Viele pädagogische Fachkräfte erleben die Standardisierung der Übungen als Widerspruch zum Spiel. Dies ist jedoch in der fachgerechten Förderpraxis keineswegs der Fall. Die in der Handreichung vorgestellten Förderansätze sind zwar standardisiert, sie lassen der pädagogischen Fachkraft aber dennoch viel Raum in der Gestaltung der Situation und der Aufgaben, die speziell an den besonderen Bedürfnissen von Vorschulkindern orientiert sind. Die kompetente Durchführung der Förderansätze erfolgt daher keineswegs rezeptartig, sie stellt vielmehr hohe

Anforderungen an die durchführende Fachkraft: Es sollte kein stofflich straffer „Unterricht" abgehalten werden, sondern die Inhalte den Kindern spielerisch näher gebracht werden.

Tipp 5: Die natürliche Motivation der Kinder bei der Zusatzförderung stärken.

Erfreulicherweise hat die Natur es so geregelt, dass Kinder bis zum achten Lebensjahr für das Lernen neuer Aufgaben in der Regel nicht besonders motiviert werden müssen. Wissenschaftliche Befunde deuten darauf hin, dass auch die meisten Kinder mit einem Entwicklungsrisiko im Alter von 5 und 6 Jahren ein positives Fähigkeitsselbstkonzept haben, d. h. sie trauen sich viele Aufgaben zu und sind davon überzeugt, diese auch gut meistern zu können. Bei Kindern mit einem Entwicklungsrisiko besteht dennoch durchaus die Gefahr, dass sie durch falsche Rückmeldungen rasch die Lust an Übungen verlieren, bei denen sie wenig oder kaum erfolgreich sind. Der Erfolg ist für alle aber der wohl wichtigste Motivator. Wie oben schon betont, ist es daher besonders wichtig, Erfolge des Kindes – und seien sie in Bezug auf die Zielvorgabe noch so klein – öfter als bei anderen Kindern lobend hervorzuheben.

Tipp 6: Zusatzförderung sollte in einem gesonderten Raum stattfinden.

Wichtig für den Erfolg der Zusatzförderung sind auch die äußeren Umstände, unter denen sie stattfindet. So hat sich immer wieder gezeigt, dass sich gerade Kinder mit einem Entwicklungsrisiko rasch von einer Aufgabe ablenken lassen, wenn andere Aktivitäten in ihrem Gesichtsfeld stattfinden. Daher sollte eine Zusatzförderung in einem eigenen und möglichst ungestörten Raum stattfinden, in den der übliche Lärmpegel einer KiTa nicht eindringt bzw. deutlich gemindert ist.

Tipp 7: Standardisierte Förderkonzepte erfordern Vorbereitung.

Um die anspruchsvolle Aufgabe zu erfüllen, ein standardisiertes Förderkonzept so umzusetzen, dass die Kinder das Gefühl haben zu spielen (s. o.), bedarf es seitens der pädagogischen Fachkraft einer gründlichen Vorbereitung. Dazu zählt, dass die Reihenfolge der jeweiligen Übungseinheiten eines Förderansatzes eingehalten wird. Die erfolgreiche Umsetzung der im Folgenden beschriebenen Förderansätze gelingt nämlich nur dann, wenn die Abfolge der einzelnen Lernziele eingehalten wird. Aus der Praxis kann man des Öfteren den Satz hören: „Das machen wir doch auch alles schon immer". Das stimmt auch oft! Aber eine Wirkung wird dann am besten erzielt, wenn man über die Schritte in den geförderten Entwicklungsbereichen Bescheid weiß und die Einheiten so gestaltet, dass die Entwicklungsreihenfolge auch der Darbietung bei der Zusatzförderung entspricht.

Eine Strukturierungshilfe stellt das Fördertagebuch dar (siehe Kapitel 6.5).

6.4 Förderung spezifischer Kompetenzen

Schulbereit ist ein Kind dann, wenn es über eine Reihe von Kompetenzen und Fertigkeiten verfügt. Zur Verbesserung einzelner Kompetenzen und Fertigkeiten im Bedarfsfall liegen einige wissenschaftlich fundierte und erprobte Förderansätze vor. Sie erlauben es, insbesondere die phonologische Bewusstheit, mathematische Basiskompetenzen oder logisches Denken erfolgreich zu fördern.

Aus ihrem pädagogischen Alltag sind Ihnen sicherlich viele Ansätze und Konzepte der Förderung bekannt. Etliche davon haben sich in der Praxis bewährt. Von längst nicht allen der in der Praxis bewährten Förderansätze wurde die Wirksamkeit in wissenschaftlichen Untersuchungen geprüft. Insgesamt gibt es nur wenige Ansätze, deren Wirksamkeit als Zusatzfördermaßnahme wissenschaftlich nachgewiesen wurde. Die folgende Darstellung enthält eine gezielte Auswahl der vorliegenden Förderkonzepte, die diesem Anspruch genügen und sich dabei als besonders wirksam für Kinder mit schulrelevanten Entwicklungsrisiken erwiesen haben. Neben diesen Zusatzförderansätzen gibt es sicherlich auch andere sinnvolle Fördermöglichkeiten. Allerdings sind deren mögliche Wirkungen in der Regel nicht überprüft worden, sodass wir nicht wissen, wie gut sie für Kinder mit Entwicklungsrisiken geeignet sind. Bei den im Folgenden dargestellten Förderansätzen können Sie hingegen sicher sein, dass sich bei regelgerechtem Einsatz positive Fördereffekte einstellen. Alle hier vorgestellten Konzepte sind für die Arbeit in Kleingruppen mit Kindern im späten Kindergartenalter konzipiert.

6.4.1 Sprache und Vorläuferfertigkeiten der Schriftsprache

Die phonologische Bewusstheit ist eine Schlüsselkomponente des Lese- und Rechtschreiberwerbs und wird daher, wie auch in Kapitel 3 ausführlich erläutert, als eine bedeutsame Vorläuferfertigkeit des Lesens und Schreibens betrachtet. Sie kann besonders gut im Kindergartenalter gefördert werden, etwa über Reimspiele und sprachrhythmische Spiele wie das Silbenklatschen.

Kinder, die einige Monate vor Schuleintritt nicht alle Vorläuferfertigkeiten für den erfolgreichen Erwerb von Lesen und Schreiben ausreichend erworben haben, haben ein hohes Risiko, beim Erwerb der Schriftsprache in den ersten Schuljahren massive Probleme zu bekommen. Oftmals erkennt man solche Kinder daran, dass sie Schwierigkeiten haben genau hinzuhören, einfache Sprachspiele nicht verstehen oder nicht reimen können. Im ersten Schritt der Schuleingangsuntersuchung in Baden-Württemberg liefert das Screening HASE (siehe Kapitel 4.4.1) zuverlässig Hinweise darauf, ob die Auffälligkeiten eines Kindes so gravierend sind, dass sie als Entwicklungsrisiko einzustufen sind. Stellt sich dann nach genauerer Diagnose heraus, dass ein entsprechender Sprachförderbedarf besteht, dann sind diese Kinder die Zielgruppe der *Würzburger Trainingsprogramme* zur Verbesserung der phonologischen Bewusstheit.

Viele Kinder sprechen im Vorschulalter verständlich, haben einen ausreichenden Wortschatz und kommen grammatikalisch gut zurecht. In der Schule kommen dann aber neue Anforderungen auf sie zu. So sollen sie Gesprochenes oder Gehörtes in einzelne Wörter, Silben und Laute unterteilen können. Beim Erwerb des Lesens und Schreibens müssen sie verstehen, dass Laute durch grafische Zeichen (Buchstaben) symbolisiert werden. Hierbei ist die phonologische Bewusstheit wichtig, denn die Kinder müssen die Aufmerksamkeit weg von der inhaltlichen Bedeutung hin zu den formalen Aspekten der Sprache lenken.

Die Förderprogramme *„Hören, lauschen, lernen 1"* und *„Hören, lauschen, lernen 2"* (kurz HLL 1 und HLL 2, oft auch unter dem Namen „Würzburger Trainingsprogramme" bekannt) bereiten die Kinder auf den Schriftspracherwerb in der Grundschule vor. Durch eine Teilnahme am HLL 1 erhalten Kinder einen Einblick in die lautliche Struktur gesprochener Sprache. Das Training besteht aus Spielen und Übungen, die inhaltlich aufeinander aufbauen. Der Fokus wird dabei im Förderprogramm HLL 1 auf die phonologische Bewusstheit und im HLL 2 zusätzlich auf die Buchstaben-Lautverknüpfung gelegt. Das dabei umgesetzte Trainingskonzept wurde ursprünglich in Skandinavien entwickelt und seine Wirksamkeit mittlerweile in vielen Ländern und Sprachen wissenschaftlich belegt. Dies gilt auch für die Programme HLL 1 und HLL 2.

Hören, lauschen, lernen – Sprachspiele für Kinder im Vorschulalter
P. Küspert und W. Schneider, 5. Auflage 2006, Göttingen, Vandenhoeck & Ruprecht.

Durchführung: Im letzten Kindergartenhalbjahr täglich etwa zehn Minuten. Insgesamt 100 Übungseinheiten mit jeweils zwei Sprachspielen je Einheit. Durchführungsdauer sechs Monate. Kleingruppen von vier bis acht Kindern.

Zu Beginn des HLL 1 werden Lauschspiele gemacht. Diese haben das Ziel, das Gehör der Kinder für Geräusche, Klänge zu sensibilisieren. Die Kinder werden darauf aufmerksam gemacht, dass genau auf den Klang der Sprache geachtet werden muss (Beispiele: Stille Post; Jakob, wo bist du?). Daran schließt eine Einheit zu Reimen an (Beispiele: Kinderreime; Abzählverse). Diese verdeutlicht den Kindern, dass Sprache nicht nur Inhalt und Bedeutung, sondern auch eine Form hat. Eine weitere Einheit behandelt Sätze und Wörter. Die Kinder lernen, dass sich gesprochene Sätze in kleinere Einheiten (Wörter) zerlegen lassen. Das Zerlegen eines Satzes in Wörter und die Verbindung einzelner Wörter zu einem Satz werden hier besonders geübt (Beispiel: Wörterpuzzle). Anschließend stehen Silben im Fokus. Durch Klatschen und rhythmisches Sprechen werden die Kinder aufgefordert, die akustische Einheit von Silben wahrzunehmen (Beispiel: Namenklatschen). Das Konzept dieser Fördermaßnahme nimmt also zunächst auf größere Einheiten der gesprochenen Sprache Bezug. Danach werden die Einheiten kleiner. Die Kinder werden an Phoneme (Buchstabenlaute) herangeführt, etwa über Übungen zum Anlaut (Beispiel: (An)Laute wegnehmen – aus Lampe wird Ampe) und Phonem (Beispiel: Wörter mit wenigen Lauten). Die Kinder üben, sich auf bestimmte Laute, etwa zu Beginn und innerhalb eines Wortes, zu konzentrieren und die Lautgrenze akustisch wahrzunehmen.

Das Würzburger Trainingsprogramm hat sich bewährt und wird häufig in der Praxis eingesetzt. Empirische Befunde belegen, dass eine Durchführung des HLL 1 eine deutliche Verbesserung in der phonologischen Bewusstheit bewirkt. Noch nachhaltigere Effekte lassen sich erzielen, wenn zusätzlich Übungen zur Verbindung von Klanglauten und Buchstaben durchgeführt werden wie im folgend dargestellten zweiten Teil des HLL.

Hören, lauschen, lernen 2 – Spiele mit Buchstaben und Lauten für Kinder im Vorschulalter
E. Plume und W. Schneider, 2004, Göttingen, Vandenhoeck & Ruprecht.

Durchführung: Etwa zehn Minuten täglich. Durchführungsdauer zehn Wochen. Bei Durchführung beider Programme 20 Wochen à zehn Minuten täglich. Durchführung in Kleingruppen von vier bis acht Kindern.

In diesem Training wird den Kindern verdeutlicht, dass einem Buchstabenlaut (Phonem) immer auch ein Schriftsymbol (Graphem), also ein Buchstabenbild, zugeordnet werden kann. Hier wird also über die phonologische Bewusstheit und die Fähigkeit zur Analyse der Sprache hinaus das System der Verschriftlichung von Lauten eingeführt.

Dafür werden die zwölf Buchstaben eingeführt, die in der deutschen Sprache am häufigsten vorkommen (A-E-M-I-O-R-U-S-L-B-T-N). Zum Kennenlernen dieser Buchstaben werden jeweils vier Übungsformen eingesetzt: Buchstaben-Laut-Verknüpfung, Körperfigur, Buchstaben-Anlaut-Verknüpfung, Beladen des Buchstaben-Schiffs. Die Vertiefung erfolgt über fünf weitere Übungen: Bildertürme, Buchstabenwürfel, Buchstaben-Kartenspiel, Anlaut-Domino, Buchstaben-Lotto. Das Buchstaben-Laut-Training kann separat durchgeführt werden. Um einen möglichst großen Effekt zu erzielen, empfiehlt es sich aber, beide Teile zu kombinieren.

Die beiden Varianten des Würzburger Trainingsprogramms haben sich bewährt und werden etwa in weiten Teilen Bayerns seit vielen Jahren regelmäßig in der Praxis eingesetzt. Sie gelten als Förderinstrumente, bei denen der Nachweis der Wirksamkeit nach wissenschaftlichen Standards besonders überzeugend gelungen ist. Bei instruktionsgemäßer Durchführung lassen sich substanzielle Verbesserungen im Bereich der phonologischen Bewusstheit nachweisen. Zusätzlich ist der Transfer auf den Erwerb von Lesen und Schreiben nachgewiesen. Besonders ist, dass von diesem Training alle Kinder profitieren können, sowohl leistungsschwächere wie auch leistungsstärkere. Das macht es sehr gut geeignet auch für Fördergruppen, in denen nicht bei allen Kindern Probleme im Bereich der phonologischen Bewusstheit vorliegen.

6.4.2 Frühe mathematische Kompetenzen

Auch Schwierigkeiten beim Erlernen des Rechnens haben ihren Anfang meist bereits vor dem Beginn der Schullaufbahn. Auch in diesem Bereich zeigt sich, dass frühe mathematische Kompetenzen einen starken Einfluss auf die Lernentwicklung in der Schule haben. Eine gezielte Förderung bereits im Kindergarten ist daher sehr vielversprechend.

Mengen, Zählen, Zahlen: Die Welt der Mathematik verstehen (MZZ)
K. Krajewski, G. Nieding und W. Schneider, 2007, Berlin, Cornelsen.

Durchführung: Im letzten Kindergartenhalbjahr. Durchführungsdauer etwa acht Wochen. 24 Trainingseinheiten à 30 Minuten. Durchführung in Kleingruppen von vier bis sechs Kindern, auch als Einzelförderung möglich.

Ziel dieses Förderkonzepts ist es, die Bewusstheit für Mengen-Zahlen-Verknüpfungen sowie für die Struktur der Zahlen zu fördern. Hauptaugenmerk liegt auf dem Zahlenraum bis 10. Viel Wert wird darauf gelegt, dass die Kinder dabei zum eigenständigen Nachdenken über Zahlen und Zahlenbeziehungen angeleitet werden. Die Kinder sollen nicht nur den Umgang mit Zahlen lernen, sondern in die Lage versetzt werden, die numerischen Relationen selbstständig zu verbalisieren und ihre Handlungen im Zahlenraum reflektieren zu können. Die Förderung erfolgt (aufbauend auf dem in Kapitel 3.3 bereits vorgestellten Entwicklungsmodell) in drei Phasen.

1. Anzahlkonzept: Zahlen als Anzahlen (sechs Einheiten – Kompetenzebene II)

Übergeordnetes Ziel dieser Übungseinheiten ist die Vermittlung der Erkenntnis, dass sich hinter Zahlen Größen und Mengen verbergen. Behandelt wird die sichere Beherrschung der Zählfertigkeit und Ziffernkenntnis im Zahlenraum 1 bis 10. Dies beinhaltet auch, dass einzelne Zahlen sicher in die Zahlenfolge eingeordnet werden können. Außerdem sollen Größen, Mengen und Anzahlen den korrespondierenden Zahlen sowie Zahlen ihren weiteren Darstellungsweisen (verbale Zählzahl, visuelle Ziffer, Menge) zugeordnet werden. Um dieses Verständnis aufzubauen, wird als Hilfsmittel eine Zahlentreppe zur Verfügung gestellt.

2. Anzahlordnung (zwölf Trainingseinheiten – Kompetenzebene II)

Übergeordnetes Ziel der weiteren Trainingseinheiten ist die Erkenntnis, dass von einer Zahl zur nächsten immer eins dazu kommt. Es werden Begriffe wie mehr oder weniger geklärt und verdeutlicht, dass Anzahlen der Größe nach geordnet werden und miteinander verglichen werden können. Anzahlen werden über den Zahlenstrahl mit Längen und über Zahlenstufen mit Höhen in Verbindung gesetzt. Auch hierfür stehen sorgfältig konzipierte Hilfsmittel zur Verfügung wie etwa das Zahlenhaus und die Anzahltürme.

3. Teil-Ganzes-Beziehungen und Anzahlunterschiede (sechs Einheiten – Kompetenzebene III)

Die Kinder sollen im abschließenden dritten Schritt der Fördermaßnahme erkennen, dass sich zwei Zahlen zu einer größeren Zahl zusammenfassen lassen und die Anzahl einer Gesamtmenge bzw. Gesamtzahl durch Zusammenzählen ermittelt werden kann. Es wird verdeutlicht, dass der Unterschied zwischen zwei Zahlen wieder durch eine Zahl ausgedrückt werden kann. Ein Beispiel für die Hilfsmittel, die für diese Einheiten zur Verfügung gestellt werden, ist der Zahlenstreifen.

„Mengen, Zählen, Zahlen" ist erprobt, und seine positive Wirkung konnte nachgewiesen werden. Es konnten sowohl kurzfristige wie auch längerfristige Effekte auf die frühen mathematischen Kompetenzen der Kinder gezeigt werden.

6.4.3 Denken

Wie in Kapitel 3.4 dargestellt, gehört auch die Fähigkeit zum schlussfolgernden Denken zu den bedeutsamen allgemeinen Voraussetzungen für erfolgreiches Lernen und stellt somit ebenfalls eine Komponente der Schulbereitschaft dar. Manche Kinder brauchen auch auf diesem Gebiet zusätzliche Unterstützung. Hier leistet das „Denktraining für Kinder" einen wirksamen Beitrag.

Denktraining für Kinder I. Ein Programm zur intellektuellen Förderung
K. J. Klauer, 1989, Göttingen, Hogrefe.

Durchführung: 10 Einheiten à 45 Minuten, 2- bis 3-mal pro Woche. Insgesamt 120 Aufgaben. Durchführung in Kleingruppen von drei bis vier Kindern, auch als Einzel- oder Paarförderung möglich. Altersgruppe: 5- bis 7-jährige sowie ältere Kinder, die besonders große Schwierigkeiten zeigen. Bei den Jüngsten einzelne Sitzung nicht länger als 20 Minuten. Hier 20 Einheiten.

Das „*Denktraining für Kinder I*" zielt darauf ab, das *induktive* Denken zu fördern. Hierunter ist das Ableiten einer Regelhaftigkeit (Ordnung) im scheinbar Ungeordneten anhand von Beobachtungen zu verstehen. Solche Regelhaftigkeiten können sich auf Gemeinsamkeiten von Objekten hinsichtlich ihrer Merkmale (z. B. Farbe, Form) oder ihrer Beziehung untereinander (A ist größer als B) beziehen. Das Entdecken solcher Ordnungen ist ein wichtiger Schritt im Rahmen der kindlichen Entwicklung. Beispiele hierfür sind auch der Erwerb von Kategorien (rund vs. eckig) und von Begriffshierarchien (z. B. Tier → Hund → Dackel).

Im Rahmen des Denktrainings lernen die Kinder spielerisch Grundstrukturen wie Unterschiede oder Gemeinsamkeiten zu erkennen und angemessene Lösungs- und Kontrollprozesse auszuführen. Dies geschieht anhand von Beispielaufgaben. Da besonderer Wert auch auf die Möglichkeit des Transfers, also der Übertragbarkeit des Erlernten auf andere Lebensbereiche, gelegt wird, werden Aufgaben mit den ihnen eigenen Lösungsprozeduren aus verschiedenen lebensnahen Inhaltsbereichen gestellt. Es wird intensiv geübt. Hierbei wird ausdrücklich darauf hingewiesen, dass die Kinder zum Entdecken angeleitet werden sollen. Sie sollen also selbst Erfahrungen sammeln und nicht Ergebnisse vorgegeben bekommen. Hauptprozesse, die die Kinder erlernen können, sind hierbei das Analysieren, Vergleichen und Systematisieren.

Alle Aufgaben des Denktrainings können auf sechs grundlegende Problemstrukturen zurückgeführt werden:
1. *Generalisierung* (Feststellung der Gleichheit von Merkmalen: Aufgaben sind das Bilden von Klassen, Klassen ergänzen, Gemeinsamkeiten finden),
2. *Diskrimination* (Feststellung der Verschiedenheit von Merkmalen: Aufgabe sind das Erkennen und Streichen von Unpassendem),
3. *Kreuzklassifikation* (Feststellung der Gleichheit und Verschiedenheit von Merkmalen: Aufgabe sind das gleichzeitige Beachten und Vergleichen mehrerer Merkmale eines Objekts, Einsortieren in vorgegebene Vier-, Sechsfelderschemata),
4. *Beziehungserfassung* (Feststellung der Gleichheit von Relationen: Aufgaben sind das Ordnen von Reihenfolgen, Folgen ergänzen, einfache Analogien finden),
5. *Beziehungsunterscheidung* (Feststellung der Verschiedenheit von Relationen: Aufgabe ist das Erkennen gestörter Folgen) und
6. *Systembildung* (Feststellung der Gleichheit und Verschiedenheit von Relationen: Aufgaben sind das Vervollständigen von Analogien und Mustern).

Mit dem induktiven Denken zielt das Training auf einen Bereich, der als allgemeine Lernvoraussetzung gilt und eine hohe alltägliche und schulische Relevanz aufweist. Es fördert Kompetenzen, die auf verschiedenste Lebensbereiche übertragbar sind. So wird die Fähigkeit des schlussfolgernden Denkens in vielfältigen Alltagssituationen gebraucht. Das „Denktraining für Kinder I" trägt dazu bei, diese Fähigkeiten zu verbessern. Evaluationen konnten zeigen, dass das Denktraining nicht nur bereichsspezifisch wirksam ist, sondern auch deutliche Transfereffekte auf das schulische Lernen hat.

6.5 Das Fördertagebuch

Die Schulbereitschaft von Kindern mit Entwicklungsrisiken kann durch gezielte zusätzliche Förderung wirkungsvoll verbessert werden. Das belegen die Ergebnisse der wissenschaftlichen Begleitung der Umsetzung des hier beschriebenen Ansatzes an etwa 30 Standorten in Baden-Württemberg. Viele der schon im Kindergarten geförderten Kinder konnten ihre Entwicklungsrückstände im letzten Kindergartenjahr so weit aufholen, dass sie regulär eingeschult wurden und die Leistungsanforderungen der ersten Grundschuljahre erfolgreich meisterten.

Durch die zusätzlich zur guten Bildungs- und Erziehungsarbeit in Kindergärten stattfindenden gezielten Förderungen von Kindern mit schulrelevanten Entwicklungsrisiken lässt sich erreichen, dass auch diese Kinder bestmöglich auf den Schulstart vorbereitet werden. In dieser Handreichung haben wir bereits eine Reihe von Tipps dargelegt, wie dies besonders gut erreicht werden kann. Dabei haben wir immer wieder darauf hingewiesen, dass der Erfolg der Förderung am ehesten gewährleistet werden kann, wenn die Fachkraft bei der Förderung strukturiert vorgeht. Diese Strukturierung setzt sorgfältige Planungen der Förderfachkraft vor und nach den einzelnen Fördereinheiten voraus.

Vor den einzelnen Förderstunden ist es wichtig, genau zu überlegen, was das *Ziel* und der *Inhalt* der jeweiligen Fördereinheit sein soll. Es geht also darum, vorab zu bestimmen, auf welchen *Förderbereich* die Einheit abzielen soll (z. B. Sprache oder Konzentration) und wie viel *Zeit* jeweils für eine bestimmte Fördermaßnahme zu veranschlagen ist. Auch das Wie, also die *Methode*, die angewandt werden soll, sollte genau überdacht sein. Zudem ist es hilfreich, den Förderplan schriftlich festzuhalten. Nur so kann dieser, und somit auch das eigene Vorgehen, im Nachhinein noch einmal überprüft und mit weiteren Fachkräften abgestimmt werden. Genauso wichtig ist es, sich *nach der Durchführung* der einzelnen Fördereinheit bewusst zu machen, wie viel Zeit für die einzelnen Förderinhalte tatsächlich aufgewandt wurde. Hierfür ist eine kurze *Protokollierung* sinnvoll. Diese kann auch helfen, wenn sich beispielsweise Fragen nach früherem Vorgehen stellen.

Hierfür wurde ein Fördertagebuch entwickelt, das sich für eine solche Protokollierung als geeignet erwiesen hat. Das nun vorliegende Fördertagebuch wurde mehrfach optimiert und für eine breitgestreute Anwendung angepasst. Es erlaubt auf einfache und zeitsparende Art und Weise festzuhalten, mit welchen Zielen, Inhalten und Methoden die Zusatzförderung umgesetzt wird.

Das Fördertagebuch verfolgt dabei zwei Ziele: Zum einen dient es der Dokumentation der geplanten und durchgeführten Fördersequenzen. Zum anderen dient es der Entwicklungsdokumentation der an der Fördergruppe teilnehmenden Kinder. Dies erlaubt es, während und nach der Förderung einen Überblick darüber zu bekommen, wie häufig ein Kind an einer bestimmten Förderung teilgenommen hat und wie intensiv es bei den jeweiligen Fördermaßnahmen mitgemacht hat. Diese speziell auf die umgesetzten Fördermaßnahmen bezogenen Entwicklungsdokumentationen können als zusätzliche Informationsquelle etwa bei Besprechungen (z. B. „Runden Tischen") herangezogen werden. Entsprechend dieser doppelten Zielsetzung erfolgt auch die Umsetzung durch zwei verschiedene Tagebuchkapitel. Zielsetzung 1 wird in dem Tagebuchkapitel „Dokumentation der Förderung" umgesetzt, Zielsetzung 2 im „Fördertagebuch der einzelnen Kinder". Sollten Sie selbst nur die Dokumentation einer der beiden Zielsetzungen benötigen, ist es selbstverständlich auch möglich, nur eines der beiden bereit gestellten Tagebuchkapitel zu nutzen.

Für eine effektive Nutzung des Fördertagebuchs ist es sinnvoll, dieses vor und nach jeder Förderstunde bzw. vor und nach jedem Fördertag sorgfältig und vollständig auszufüllen. Dies nimmt nach kurzer Eingewöhnung jeweils *nicht mehr als 10 Minuten* in Anspruch.

Anleitung zum Ausfüllen des Fördertagebuchs

Zielsetzung 1: „Dokumentation der Förderung"

Die Dokumentation der von Ihnen durchgeführten Fördermaßnahmen ermöglicht Ihnen einen Überblick darüber, welche Förderinhalte wie oft und wie lange durchgeführt wurden. Gleichzeitig können Sie dabei anhand des Fortschritts der Kinder auch eine Idee dafür entwickeln, ob die von Ihnen gewählten Methoden und verwendeten Materialien für die Umsetzung der Förderziele der einzelnen Tage angemessen waren.

- Vermerken Sie in der ersten Zeile die fortlaufende *Nummer des Fördertages*, sowie Datum und Dauer der Förderung.
- Formulieren Sie in Stichworten das *Ziel* der Förderstunde/des Fördertags.
- Kreuzen Sie unter *Inhalte* die Fähigkeitsbereiche an, auf welche die durchgeführte Förderung abgezielt hat, und vermerken Sie jeweils die für jeden Inhalt aufgewandte Zeit.
- Unten auf dem Dokumentationsbogen notieren Sie bitte, welche *Methoden* bzw. Übungen oder Spiele Sie durchgeführt haben und welche *Materialien* Sie hierbei verwendet haben.

Zielsetzung 2: „Fördertagebuch der einzelnen Kinder"

Das Fördertagebuch für jedes einzelne Kind setzt sich aus einem Deckblatt und einer fortlaufenden Dokumentation zusammen. Nachdem Sie den Namen des Kindes vermerkt haben, können Sie auf dem *Deckblatt* die Ziele der Förderung eintragen, angeben, in welchen Bereichen das Kind gefördert werden soll, und zunächst das Datum des Beginns der Förderung festhalten. Während und nach Beendigung der Zusatzförderung können Sie festhalten, mit welchen Methoden bzw. Übungen das Kind gefördert wurde. Wenn das Kind die Fördergruppe verlässt, die Zusatzförderung also beendet ist, geben Sie das Datum des Endes der Förderung an, sodass Sie einen Überblick über die Dauer der Förderung haben. Die Angaben auf dem Deckblatt müssen Sie nur einmalig eintragen.

Die *Entwicklungsdokumentation* der geförderten Kinder findet auf dem Blatt „Fördertagebuch der einzelnen Kinder – Entwicklungsdokumentation" statt. Die Dokumentation erfolgt für jeden Bereich, wie etwa der phonologischen Bewusstheit, auf einem eigenen Blatt. Hier können Sie für jeden Fördertag angeben, wie aktiv die Mitarbeit des Kindes war und ob das Kind Ihrer Meinung nach Fortschritte in dem geförderten Bereich gemacht hat. Zusätzlich haben Sie die Möglichkeit, an jedem Fördertag Anmerkungen zu machen (z. B. Erklärungen für eine unkonzentrierte Mitarbeit).

Durch diese Dokumentation ist es u. a. möglich, einen Überblick darüber zu haben, wie oft das Kind tatsächlich in dem Bereich zusätzlich gefördert wurde, in dem es nach Beschluss des „Runden Tisches" auch gefördert werden sollte. Wenn Sie, wie in Abbildung 4 zu sehen, die Kreuze der einzelnen Stunden mit-

Bereich:	*Phonologische Bewusstheit*					_____ (Name des Kindes)
Datum	**Mitarbeit**			**Fort-schritt**		**Bemerkungen**
	gering	durchschnittlich	gut	Nein	Ja	
17.03.2014	☐	☐	☒	☐	☒	Hat heute sehr gut mitgearbeitet. Fühlt sich sehr wohl in der Gruppe.
19.03.2014	☐	☒	☐	☒	☐	War heute sehr unkonzentriert und hat sich nicht auf die Aufgaben eingelassen.
21.03.2014	☐	☐	☒	☐	☒	Hatte heute richtig Spaß bei den Aufgaben. Großer Entwicklungssprung!!

Abbildung 4: Beispiel für die Entwicklungsdokumentation eines Kindes

einander verbinden, haben Sie gleich eine gute Übersicht über Mitarbeit und Fortschritt des Kindes. Die strukturierte Erfassung Ihrer Beobachtungen zeigt dezidiert den Entwicklungsprozess bezüglich der Förderung auf und kann wichtige Informationen darüber liefern, ob und wie die Zusatzförderung das Kind in seiner Entwicklung unterstützen konnte.

7 Häufig gestellte Fragen

7.1 Allgemeine Fragen

Was kann die Fachberatung bzw. die Fachaufsicht zum Gelingen beitragen?

Die Umsetzung der in dieser Handreichung beschriebenen gezielten Zusatzförderung zur Verbesserung der Schulbereitschaft von Kindern mit schulrelevanten Entwicklungsrisiken wird ohne Unterstützung durch die Fachaufsicht kaum gelingen. Die bedeutsame Rolle der Fachberatung bzw. der Fachaufsicht bezieht sich dabei auf wenigstens drei wichtige Punkte.

1. Der erste Punkt betrifft die Überzeugungsarbeit in den Kindertageseinrichtungen. Die Fachberatung bzw. Fachaufsicht kann zu einer *positiven Einstellung* zur gezielten Zusatzförderung der Schulbereitschaft von Kindern mit Entwicklungsrisiken beitragen. In Deutschland ist es keinesfalls selbstverständlich, dass Erzieherinnen die gezielte Zusatzförderung von Kindern mit Entwicklungsrisiken befürworten. Die traditionelle Einstellung im Elementarbereich ist diesbezüglich eher skeptisch. Verbreitet ist oftmals die Hoffnung, dass sich die Schulbereitschaft dieser Kinder im Alltagsablauf der KiTa schon noch einstellt. Gegebenenfalls müsse ein betroffenes Kind eben noch ein Jahr zurückgestellt werden, bevor es in die Schule geht. Dabei wird oftmals gar nicht erkannt, dass diese Haltung nahezu identisch ist mit der pädagogisch defensiven Haltung, die in früheren Zeiten durch reifungstheoretische Überzeugungen der kindlichen Entwicklung entstanden war. Außerdem ignoriert sie die schlechten Erfahrungen, die mit der Rückstellung von Kindern mit den genannten Entwicklungsrisiken gemacht wurden. Der Fachberatung bzw. Fachaufsicht kommt daher hier eine ganz zentrale erste Aufgabe zu: nämlich eine positive Einstellung zu der hier vorgestellten Art der gezielten Zusatzförderung in die Einrichtungen zu tragen.

2. Ist eine positive Einstellung zu diesem Zusatzförderansatz in den Einrichtungen vorhanden, dann ist es nur noch ein kleiner Schritt, dass die Fachkräfte der Einrichtung sich dazu entschließen, ein entsprechendes Angebot auch in der eigenen Einrichtung für Kinder mit entsprechenden Entwicklungsrisiken umzusetzen. Der Entschluss zur Umsetzung alleine reicht jedoch noch nicht aus. Selbst wenn die Fachkräfte vor Ort die hier vorgelegte Handreichung benutzen, werden ohne eine gezielte *Fort- und Weiterbildung* zu den einzelnen Umsetzungen der in dieser Handreichung beschriebenen Bausteine des Förderkonzeptes zu viele Unsicherheiten im Vollzug entstehen und somit der Erfolg des neuen Förderangebotes gefährdet werden. Für die Umsetzung des hier vorgestellten Zusatzförderansatzes sind Fort- und

Weiterbildungen unerlässlich. Hier kommt der Fachberatung bzw. Fachaufsicht eine zweite große Aufgabe zu.

3. Liegt eine entsprechende positive Einstellung zur Zusatzförderung vor und haben entsprechende Fort- und Weiterbildungen für einzelne Fachkräfte aus den Kindertageseinrichtungen stattgefunden, dann kann es mit der Umsetzung des zusätzlichen Förderangebotes losgehen. Aber auch danach kann die Fachberatung bzw. die Fachaufsicht zum Gelingen des Ganzen entscheidend beitragen: *durch eine Begleitung der Umsetzung im Sinne einer beratenden Supervision.* Im Rahmen der wissenschaftlichen Begleitung einer ersten Umsetzung des hier beschriebenen Konzeptes in Baden-Württemberg hatte sich gezeigt, dass die positiven Fördereffekte für die einzelnen geförderten Kinder mit Entwicklungsrisiken durch eine Art Coaching (das übrigens nur alle halbes Jahr stattfand) deutlich gesteigert werden konnte.

Welche Entwicklungsrisiken sind in welchem Alter am häufigsten?

Die Zahlen für Entwicklungsrisiken schwanken in der wissenschaftlichen Literatur beträchtlich, sodass es – nicht zuletzt vor dem Hintergrund der noch zu wenigen epidemiologischen Studien in Deutschland – zu früh und unlauter erscheint, hier genauere Zahlen angeben zu können. So schwankt beispielsweise die Zahl von Kindern mit einem Entwicklungsrisiko im Bereich des Spracherwerbs auch in Abhängigkeit von dem eingesetzten Screening oder dem Test sowie dem gesetzten Kriterium, wann ein Risiko besteht und das Kind eine zusätzliche Förderung erhalten soll. Fasst man die in dieser Handreichung thematisierten schulrelevanten Entwicklungsrisiken zusammen, so darf davon ausgegangen werden, dass regional durchaus unterschiedlich zwischen 5 % und 25 % der Kinder eines Jahrganges davon betroffen sind.

Manche Kinder entwickeln sich doch einfach nur etwas später, was ist schon dabei?

Grundsätzlich ist es völlig richtig, dass sich Kinder darin unterscheiden, wann sie wichtige Entwicklungsschritte etwa im Hinblick auf schulrelevante Kompetenzen vollziehen. Richtig ist auch, dass eine vergleichsweise spätere Entwicklung nicht unbedingt bedeutet, dass die betroffenen Kinder auch die nächsten Entwicklungsschritte nur verzögert oder mit geringerem Erfolg bewältigen können. Man könnte daher auf den Gedanken kommen, dass man Kinder mit verzögerter Entwicklung doch einfach in Ruhe lassen sollte, zumal es keine verbindlichen Bildungsstandards für den elementarpädägogischen Bereich gibt und man doch erst einmal abwarten solle, ob sich dann im Laufe der Schulzeit tatsächlich relevante Entwicklungs- und Leistungsschwächen zeigen.

Dieser Gedanke verkennt jedoch zwei zentrale Befunde der empirischen Forschung zur Entwicklung von Kindern mit schulrelevanten Entwicklungsrisiken: zum einen den Befund, dass ohne gezielte individuelle Förderung der Kinder mit relevanten frühen kognitiven Entwicklungsauffälligkeiten mehr als die Hälfte von ihnen schon in den ersten Schuljahren eklatante Schwierigkeiten beim Bewältigen der schulischen Anforderungen zeigen; zum anderen den Befund, dass der Erfolg einer individuellen Förderung in diesen Fällen um so größer und nachhaltiger ist, je früher mit der gezielten Förderung begonnen wird. Nimmt man diese beiden Befunde zusammen, dann wird klar, dass der Verzicht auf eine individuelle Zusatzförderung vor Eintritt in die Schule für einen nicht unerheblichen Teil der betroffenen Kinder das Risiko für eine misslingende Schullaufbahn drastisch erhöht.

7.2 Fragen zur Förderung

Ist Diagnostik nicht auch gleich Förderung?

Diagnostik und Intervention, wie z.B. eine Förderung oder eine Zusatzförderung, erfolgen *immer* in zwei voneinander getrennten Schritten. Diagnostische Schritte sind *vor* einer Intervention erforderlich und sind deutlich von dieser zu unterscheiden. Mit diagnostischen Methoden, z.B. Beobachtungen im Kindergarten, Befragungen von Eltern, Durchführung von Screenings oder Tests, können Informationen über den Entwicklungs- oder Leistungsstand eines Kindes erhoben werden. Daraus resultierende diagnostische Informationen und vor allem ihre Zusammenschau führen zu einer Diagnose, z.B. über den Entwicklungsstand eines Kindes bzgl. seiner sprachlichen oder sozial-emotionalen Fähigkeiten. In einem zweiten Schritt wird überlegt, *ob* und wenn ja, *welche* Maßnahmen aufgrund der Diagnose getroffen werden könnten. Beispielsweise kann die Diagnose „das Kind hat einen Altersrückstand beim Spracherwerb" dazu führen, dass dieses Kind zunächst im Rahmen einer intensiven Sprachfördermaßnahme in einer Fördergruppe aufgenommen wird. Würde nach einiger Zeit erneut diagnostiziert, dass die Maßnahme nicht oder nur unzureichend erfolgreich ist, das Kind z.B. keine altersgemäßen Fortschritte erzielt, wäre nach diesem zweiten diagnostischen Schritt zu überlegen, ob und welche andere Maßnahme helfen könnte, z.B. eine einzeltherapeutische Maßnahme wie eine logopädische oder sprachheilpädagogische Behandlung. Diagnose und Intervention können also abwechselnd in mehreren Schritten erfolgen, immer aber werden ein diagnostischer Schritt und eine Diagnose eine nachfolgende Maßnahme begründen. Insofern sind Bezeichnungen wie „Förderdiagnostik" oder „förderdiagnostisch" irreführend, weil sie suggerieren, dass im diagnostischen Schritt bereits gefördert werden könnte.

Führt die Förderung nicht zu einer Verschulung des Kindergartens?

Dieser Vorwurf wird tatsächlich oft geäußert. Man nutzt dabei den Begriff „Verschulung", um zum Ausdruck zu bringen, dass Kindern in der KiTa Lernangebote in einer strukturierten Form dargeboten werden, die dem Alter der Kinder und ihrer typischen (inzidentellen bzw. beiläufigen) Lernweise widerspricht. Daher ist bei dieser Frage zunächst noch einmal zu betonen, dass jede Form eines Lernangebotes kindgerecht sein muss. Eine Förderung, die erfolgreich sein will, *muss* altersangemessen sein. Dies bedeutet etwa, dass eine Förderung im Kindergartenalter in den meisten Fällen das *Spiel* als den in diesem Alter wirksamsten Lernkontext wählen wird. Bei allen in dieser Handreichung genannten Förderprogrammen werden daher Aufgaben in spielerischer Form bearbeitet.

Das Missverständnis, dass eine gezielte Zusatzförderung oder ein Förderprogramm eine „Verschulung" bedeute, rührt vermutlich daher, dass sie in Form eines empirisch in seiner Wirksamkeit überprüften Programmes mit großer Wahrscheinlichkeit zu den erhofften Kompetenzentwicklungen bei den betroffenen Kindern führt und von daher als „professionell" einzustufen ist: Die Inhalte und Maßnahmen, die spielerisch durchgeführt werden, müssen in einer bestimmten Reihenfolge und Systematik angeboten werden, sonst sind diese Maßnahmen sehr schnell unwirksam. Dies bestätigen die wissenschaftlichen Prüfungen (Evaluationen) solcher Förderprogramme.

Ein Beispiel möge dies verdeutlichen: Als in Heidelberg von Seiten des Kinder- und Jugendamtes in allen städtischen Einrichtungen die oben angeführten „Würzburger Trainingsprogramme zur phonologischen Bewusstheit" vorgestellt wurden, meinten nahezu alle Erzieherinnen, dass sie doch alle diese Inhalte in ihrem Alltag behandeln würden. Nach einem Jahr der Durchführung bekannten sie, dass die Systematik und Reihenfolge der Programm-Inhalte doch deutlich wirksamer sein würde, als die eher zufällige und unstrukturierte Durchführung in ihrem bisherigen pädagogischen Vorgehen. Dies bestätigten auch die Ergebnisse der Begleituntersuchung. Ein Förderprogramm ist also eher ein Programm für die Durchführung durch die pädagogischen Fachkräfte, nach dessen Struktur die Förderung zu erfolgen hat, als die mit „Verschulung" ausgedrückte eher technische Form der Durchführung der Angebote mit den Kindern.

Auch im Grundschulalter nimmt das Spiel im Übrigen noch einen wichtigen Stellenwert fürs Lernen der Schulkinder ein. Das „Programm" ist dort der jeweilige Bildungsplan.

Warum sollte bereits im Kindergarten zusätzlich gefördert werden und nicht erst nach Eintritt in die Schule unterrichtsbegleitend?

Die wichtigsten Argumente hierfür haben wir bereits weiter oben aufgelistet. Setzt man erst nach Eintritt in die Schule mit einer Zusatzförderung ein, so kann es für das Kind und seine erfolgreiche Teilhabe an der Schule zu spät sein. Hinzu kommt, dass allgemein anerkannt ist, dass wesentliche Grundlagen des Erwerbs der Kulturtechniken Lesen, Schreiben und Rechnen bereits vor dem Schuleintritt erworben werden. Verschiedenste Studien konnten zeigen, dass Unterschiede in den sogenannten Vorläuferfertigkeiten sich auch in der späteren Leistungsentwicklung fortschreiben. Viele Befunde deuten auf eine hohe Stabilität solcher Entwicklungen hin.[16] Das bedeutet, dass Leistungsunterschiede zwischen Schülerinnen und Schülern, die zu Beginn der Schulzeit vorliegen, mit hoher Wahrscheinlichkeit auch langfristig bestehen bleiben. Andererseits belegt die Forschung, dass früh ansetzende, spezifische Förderungen im Allgemeinen wesentlich erfolgreicher sind als unterrichtsbegleitende Maßnahmen. Das unterstreicht, wie wichtig es ist, bereits vor der Einschulung einzugreifen. Schulerfolg, in welcher höheren Schule auch immer, ist grundlegend mit der gesellschaftlichen Teilhabe verknüpft. Es geht also nicht (nur) darum, den Kindern optimale Chancen in der Schule zu eröffnen, sondern auch darum, ihnen die Möglichkeit zur aktiven Teilhabe an unserer Gesellschaft zu ermöglichen – ein lohnendes Ziel.

Widerspricht die Zusatzförderung von Kindern mit Entwicklungsrisiken in Kleingruppen nicht der Inklusion?

Das Thema Inklusion gehört in jüngerer Zeit zu den großen Herausforderungen in allen Stufen des Bildungssystems. Ausgangspunkt der Diskussion um die soziale Teilhabe von Menschen mit Behinderungen bildet die von Deutschland 2009 ratifizierte Konvention der Vereinten Nationen über die Rechte von Menschen mit Behinderungen. Diese verpflichtet die Vertragsstaaten, die Menschenrechte von Personen mit Behinderten anzuerkennen und zu wahren, Benachteiligungen zu verhindern und dies durch geeignete Maßnahmen sicherzustellen. In der frühen Bildung sind hier vor allem Entwicklungsauffälligkeiten wie z. B. Verzögerungen in der Entwicklung von großer Bedeutung. Da sich Beeinträchtigungen teilweise erst im Laufe der kindlichen Entwicklung ergeben, entdeckt werden oder aufgrund von Unsicherheiten der Prognose zukünftiger individueller Entwicklungsverläufe (noch) nicht eindeutig als Behinderungen diagnostizierbar sind, kann auch die Feststellung einer drohenden Behinderung zur Bewilligung zusätzlicher Hilfen führen. In dem in dieser Handreichung skizzierten Konzept der Zusatzförderung für Kinder mit entsprechenden Entwicklungsrisiken geht es also darum, drohende Benachteiligungen zu verhindern.

Dem Anspruch der Inklusion würde eine Einzelförderung mitunter sicher besser gerecht werden, weil man dann noch gezielter auf den individuellen Förderbedarf eines Kindes eingehen kann. In wissenschaftlichen Untersuchungen hat sich allerdings gezeigt, dass der größte individuelle Erfolg bei Förderprogrammen er-

---

16   Klicpera, C. & Gasteiger-Klicpera, B. (1993). *Lesen und Schreiben. Entwicklung und Schwierigkeiten*. Bern: Huber.

zielt werden kann, wenn Kinder mit einem bestimmten Entwicklungsrisiko (z. B. aufgrund schwacher Leistungen im Bereich der Vorläuferfertigkeiten für den Schriftspracherwerb) in einer relativ homogenen und kleinen Gruppe gefördert werden. Vermutlich wären größere Erfolge sogar in einer Eins-zu-Eins-Beziehung zwischen dem Kind und einer Fachkraft zu erzielen, aber unter sozial-kommunikativen Gesichtspunkten (Peer-Interaktionen) erweist es sich durchaus auch als sinnvoll, Kinder in solchen möglichst homogenen Kleingruppen zu fördern. Den geringsten Erfolg für ein Kind mit einem zusätzlichen Förderbedarf würde man erzielen, wenn die Kinder nicht in einer Kleingruppe, sondern mit allen Kindern gleichzeitig, also auch den Kindern, die keinen Förderbedarf haben, gefördert würden.

7.3 Fragen zur Diagnostik

Sollen alle Kinder untersucht (getestet) werden?

Verfolgt man das mit der populären Aussage „Kein Kind soll verloren gehen" verbundene Ziel, ist eine flächendeckende Erfassung aller Kinder in Form eines Screenings außerordentlich sinnvoll und notwendig.

Sind Tests schädlich?

Die Antwort auf diese häufig aus Unsicherheit und Unwissenheit gestellte Frage ist einfach und klar: Nein!

Ein pädagogisch-psychologischer Entwicklungstest kann für ein Kind nicht schädlich sein. Hier wird in aller Regel verwechselt, dass vielleicht die Untersuchungssituation durch die Untersucherin nicht so hergestellt wird, wie diese bei jeder diagnostischen Situation mit einem Kind gewährleistet sein muss: Will man aus den Ergebnissen der Untersuchung Schlussfolgerungen für eine Diagnose und eine nachfolgende Maßnahme, wie eine Zusatzförderung, ziehen, dann muss die Untersuchungssituation so gestaltet sein, dass das Kind vor einer Testdurchführung zwar gespannt und aufmerksam ist und bleibt, aber es muss dabei ein gutes Vertrauensverhältnis zwischen Kind und Untersucherin aufgebaut worden sein.

Darf ich dem Kind während der Bearbeitung einer Testaufgabe helfen?

Allgemein ist diese Frage nicht eindeutig mit „Ja" oder „Nein" zu beantworten, da es Tests gibt, bei denen eine Reihe von Hilfen für das Kind gegeben werden können. In aller Regel sind bei standardisierten Verfahren aber die Instruktionen zur Durchführung genau einzuhalten. Das weiß auch jede ausgebildete Fachkraft. Mit einer Hilfe kann ich dem Kind sogar einen „Bärendienst" erweisen. Auch dieses Problem sei an einem Beispiel verdeutlicht: Das oben beschriebene Screening HASE (s. Abschn. 4.4.1) enthält u. a. die Aufgabe des Wiederholens von Zahlenfolgen oder von Kunstwörtern. Wird nun diese Aufgabe nicht von der CD, sondern durch die Untersucherin mündlich vorgegeben, so fallen die Ergebnisse für das Kind in der Regel besser aus. Dies liegt daran, dass eine Untersucherin nicht exakt die Pausen zwischen den Zahlen und Wörtern einhalten kann, sondern eher, wie beim Sprechen, die Zahlen oder Wörter in einem bestimmten Rhythmus vortragen wird. Solche Rhythmisierungen helfen uns, z. B. lange Telefonnummern besser behalten zu können. Bei einer solchen Aufgabe zur Prüfung seiner Merkfähigkeit kann ein Kind durch eine falsche Durchführung, die eine Hilfe darstellt, ein besseres Ergebnis erzielen. Seine Fähigkeit, nämlich eine bestimmte Zahl von mündlich vorgetragenen Einheiten (Wörter, Zahlen) ohne eine Hilfe behalten zu können, ist aber geringer und kann ein Risiko für eine Sprach- und Schriftspracherwerbsstörung sein. Eine solche, wenn auch unbeabsichtigte Hilfe bei der Durchführung von HASE könnte also dazu führen, dass ein Kind eine möglicherweise erforderliche Intervention (Förderung, Therapie) nicht erhält.

Was sind Normwerte? Was sind T-Werte? Was sind Prozentränge?

In der Diagnostik wird „Norm" oder „Normalität" anders definiert als z. B. bei den DIN-Normen für unterschiedliche Papiergrößen. DIN-Normen werden nämlich, wie andere Regeln, Ordnungen oder Gesetze gesetzt, wie der Name „Gesetz" sehr schön ausdrückt. In der Diagnostik werden Normen anders bestimmt, nämlich nach der Häufigkeit des Vorkommens eines Merkmals oder einer Leistung in einer bestimmten Gruppe. Um beispielsweise feststellen (diagnostizieren) zu können, ob ein fünfjähriges Kind altersgemäß in einem bestimmten Leistungsbereich entwickelt ist, wird eine große und repräsentative Gruppe von Fünfjährigen hinsichtlich dieses Entwicklungsbereiches untersucht. Die Ergebnisse dieser Untersuchung, die zur Erstellung von Normwerten genutzt werden, bilden den Maßstab für das einzelne Kind. Aufgrund seiner Testleistung kann das einzelne Kind zu dieser Gruppe und deren Leistungen in Beziehung gesetzt werden: Ist seine Leistung durchschnittlich (also normal) oder auffällig in Bezug zu den Normwerten? (Nähere Erläuterungen dazu finden sich z. B. in Abschn. 4.2.[17])

Solche Normen können auf unterschiedlichen Maßstäben dargestellt werden, die aber alle ineinander überführbar sind, wie z. B. die Messung der Temperatur mit der Celsius- oder der Fahrenheit-Skala oder die Messung der Länge in Kilometern oder in Meilen.

---

17 Kany, W. & Schöler, H. (2010). *Fokus: Sprachdiagnostik. Leitfaden zur Sprachbestimmung im Kindergarten* (2., erweiterte Aufl.). Berlin: Cornelsen Scriptor.

T-Werte. Bei psychologischen Tests werden die Normen oft auf einer sogenannten T-Wert-Skala dargestellt. Eine mittlere, genau im Durchschnitt liegende Leistung wird bei der T-Wert-Skala durch den Wert 50 dargestellt. Als unterdurchschnittlich würde eine Leistung ab einem T-Wert von 39 und weniger gelten. Dies entspricht in etwa dem Anteil der Leistungen der unteren 16 Prozent in der betreffenden Bezugsgruppe, bei denen von einer unterdurchschnittlichen oder auch förderbedürftigen Leistung gesprochen werden kann.

Prozentränge. Liegen die Normen in Form von sog. Prozenträngen (PR) vor, dann ist direkt aus dem angegebenen Prozentrang ersichtlich, wie viele Kinder in der Bezugsgruppe (z. B. einer Altersgruppe) eine geringere oder eine bessere Leistung erbringen. Ein Prozentrang (PR) von 50 würde bedeuten, dass die Leistung exakt im Durchschnitt von allen liegen würde: 50 % der Kinder hätten eine höhere, 50 % eine geringere Leistung erbracht. Bei einem Prozentrang von 10 wären entsprechend 90 % der Kinder besser, nur 10 % schlechter als das betreffende Kind.

Ab welchem Alter kann welches Entwicklungsrisiko sicher diagnostiziert werden?

Zunächst einmal ist festzuhalten, dass jegliche Prognose für jedweden Entwicklungsbereich nicht *sicher* sein kann. Dies gilt im Übrigen für alle Lebensfragen und -lagen. Bei diagnostischen Entscheidungen können Fehler auftreten, daher können mit diagnostischen Entscheidungen immer nur Wahrscheinlichkeitsaussagen getroffen werden, wie z. B.: Mit hoher Wahrscheinlichkeit weist das Kind ein Entwicklungsrisiko für den Schriftspracherwerb auf. Auch die Abklärung nach einem Screening mit einer weiteren detaillierteren Untersuchung kann nicht völlig sicher sein. Ein Restrisiko für eine falsche Diagnose bleibt immer.

Für die unterschiedlichen Entwicklungsbereiche lassen sich nach heutigem Erkenntnisstand einige „Grenzsteine" definieren. Ein Kind hat danach ein Risiko, wenn es in einem bestimmten Alter einen bestimmten Entwicklungs- bzw. Leistungsstand nicht erreicht hat. Beim Wortschatzerwerb wird heute folgender „Grenzstein" für ein Entwicklungsrisiko genannt: Spricht ein Kind mit etwa zwei Jahren noch keine 50 Wörter, dann besteht das Risiko, dass sich mit vier Jahren eine Sprachentwicklungsstörung zeigt. Dies trifft für einen hohen Prozentsatz solcher Kinder zu, die auch als „Spätsprecher" *(late talker)* bezeichnet werden. Wie unsicher aber solch eine Prognose ist, zeigt sich daran, dass ein Drittel dieser Kinder den Rückstand (Retardierung) noch aufholen kann, man spricht hier von „Spätaufblühern" *(late bloomer)*. Solche Grenzsteine werden im Bereich des Spracherwerbs nicht nur für die Wortschatzentwicklung gesetzt, sondern auf allen Ebenen, die unterschieden werden: Prosodie, Phonologie/Phonetik, Grammatik, Semantik). Es würde hier zu weit führen, alle diese „Grenzsteine" aufzuführen, für eine detailliertere Darstellung von sog. „Grenz-" und auch „Meilensteinen" im Spracherwerb sei auf das Buch von Kany und Schöler (2010) verwiesen.

8 Vorlagen

8.1 Fördertagebuch

Fördertagebuch der einzelnen Kinder – *Deckblatt*

Fördertagebuch von:

Ziel der Förderung:

In welchem Bereich soll das Kind gefördert werden?

Förderinhalte (mehrere Kreuze möglich)

☐ Sprache

☐ phonologische Bewusstheit

☐ Konzentration

☐ mathematische Basiskompetenzen

☐ Förderung weiterer Fähigkeiten _____

Dauer der Förderung:

Beginn: _____   Ende: _____

Welche Methoden wurden bei der Förderung eingesetzt?

Fördertagebuch der einzelnen Kinder – *Entwicklungsdokumentation*

Bereich: _____   _____

(Name des Kindes)

Datum	Mitarbeit			Fort-schritt		Bemerkungen
	gering	durchschnittlich	gut	Nein	Ja	
	☐	☐	☐	☐	☐	
	☐	☐	☐	☐	☐	
	☐	☐	☐	☐	☐	
	☐	☐	☐	☐	☐	
	☐	☐	☐	☐	☐	
	☐	☐	☐	☐	☐	
	☐	☐	☐	☐	☐	
	☐	☐	☐	☐	☐	
	☐	☐	☐	☐	☐	
	☐	☐	☐	☐	☐	

Protokollbogen

_____. **Fördertag**

_____   **Dauer:** _____ min

      (Datum)

Ziel der Stunde/des Tages:

Inhalte der Stunde/des Tages:

Förderinhalte (mehrere Kreuze möglich) **und darauf verwendete Zeit:**

☐ Sprache   ca. _____ min

☐ phonologische Bewusstheit   ca. _____ min

☐ Konzentration   ca. _____ min

☐ mathematische Basiskompetenzen   ca. _____ min

☐ Förderung sonstiger Fähigkeiten,   ca. _____ min

    nämlich: _____

Eingesetzte Methoden (Übungen, Spiele)/**verwendete Materialien:**

8.2 Vorlagen zu den Runden Tischen

Checkliste „Runder Tisch"

Checkliste „Runder Tisch"

Formalia

☐ Einladung erfolgt durch Schulleitung in enger Absprache mit KiTa-Leitung

☐ Einladung erfolgt schriftlich, mindestens eine Woche vorher (Ort, Zeit, Teilnehmer-kreis)

☐ Teilnehmende: **Eltern**, **KiTa-Leitung** bzw. Erzieher/-in, **Schulleitung** bzw. Kooperationslehrer/-in. ***Bei Bedarf:*** Personen der Frühförderstelle, des sozial-pädagogischen Dienstes, des Gesundheitsamtes, notwendige Expertinnen/Fachleute (Logopädin, Ergotherapeut/-in, etc.)

☐ Moderation übernimmt Schulleitung bzw. Kooperationslehrer/-in in enger Absprache mit KiTa-Leitung

☐ Protokollführung (Dokumentation der entscheidungsrelevanten Informationen und getroffenen Beschlüsse)

☐ Protokollführung übernimmt Erzieher/-in oder Lehrer/-in

☐ Protokoll dient als Sitzungsvorlage für den nächsten „Runden Tisch"

☐ Zustimmung der Eltern zur Datenschutzfreigabe

Vorbereitung

☐ schriftliche Dokumentation des Kindes durch Erzieher/-in (Umfeld und Lebens-situation des Kindes, seine Fähigkeiten, Interessen und Stärken)

Durchführung

☐ Eltern beschreiben ihr Kind

☐ Erzieher/-in beschreibt das Kind anhand von Beobachtungen und Dokumentationen

☐ Diagnose des Gesundheitsamtes (schriftliche Form)

☐ Eindrücke Kooperationslehrer/-in

☐ Eindrücke Expertinnen/Experten/Fachleute

Förderbedarf

☐ Förderbedarf wird aus der Diagnose abgeleitet

☐ Förderumfang (wie?/wer?/Zeit?/Geld?) wird festgelegt

☐ Zusätzliche Förderung und Maßnahmen durch andere Dienste

☐ Flankierende Maßnahmen für die Familie

☐ gegebenenfalls weitere Untersuchungen bzw. weitere Erfassung des Entwicklungs-standes des Kindes

Absprachen

☐ gemeinsame Terminabsprache für den nächsten „Runden Tisch" durch alle an der Förderung des Kindes beteiligten Personen

☐ Vereinbarung über datenschutzrechtliche Bestimmungen

Aus Hasselhorn, Ehm, Wagner, Schneider und Schöler: Zusatzförderung von Risikokindern
© 2015 Hogrefe, Göttingen

Protokoll „Runder Tisch"

am: _____
       (Datum)

Name und Anschrift des Kindes:

_____

_____

Geburtsdatum: | | | |

                                        Tag   Monat   Jahr

Beteiligte Personen:

- _____

- _____

- _____

- _____

- _____

- _____

- _____

- _____

Die Erziehungsberechtigten stimmen zu, die Daten des Kindes an alle Personen, die an der Förderung des Kindes beteiligt sind, freizugeben.

_____   _____
      Ort, Datum   Unterschrift der Erziehungsberechtigten

Folgende schriftliche Unterlagen/Dokumentationen liegen vor:

Beschreibung des Kindes durch **Erziehungsberechtigte**:

Beschreibung des Kindes durch **Erzieher/-in**:

Diagnose des **Gesundheitsamtes**:

Eindrücke der **Kooperationslehrerin/des Kooperationslehrers**:

Eindrücke der **Expertinnen/Experten/Fachleute**:

Welcher Zusatzförderbedarf besteht?

In welchem **Umfang**?

Wer übernimmt die Zusatzförderung?

Wann findet die Zusatzförderung statt?

Wie wird die Zusatzförderung **finanziert**?

Zusätzliche Förderung und Maßnahmen durch andere Dienste:

Aus Hasselhorn, Ehm, Wagner, Schneider und Schöler: Zusatzförderung von Risikokindern
© 2015 Hogrefe, Göttingen

Flankierende Maßnahmen für die Familie:

_____

_____

_____

_____

_____

_____

_____

_____

Sollen **weitere Untersuchungen** stattfinden?

_____

_____

_____

_____

_____

_____

_____

Terminabsprachen:

_____

_____

_____

_____

Aus Hasselhorn, Ehm, Wagner, Schneider und Schöler: Zusatzförderung von Risikokindern
© 2015 Hogrefe, Göttingen

9 Literaturverzeichnis

Autorengruppe Bildungsbericht (2008). *Bildung in Deutschland 2008. Ein indikatorengestützter Bericht mit einer Analyse zu Übergängen im Anschluss an den Sekundarbereich II*. Bielefeld: Bertelsmann.

Engemann, C. (2006). Kein Kind soll verloren gehen! Kooperation zwischen Kindergärten und Schulen wird groß geschrieben. *Magazin Schule, 18,* 14–15.

Hasselhorn, M. & Gold, A. (2013). *Pädagogische Psychologie. Erfolgreiches Lernen und Lehren* (3., vollständig überarbeitete und erweiterte Aufl.; Kap. 7.1). Stuttgart: Kohlhammer.

Hasselhorn, M., Schöler, H., Schneider, W., Ehm, J.-H., Johnson, M., Keppler, I. et al., (2012). Gezielte Zusatzförderung im Modellprojekt „Schulreifes Kind". Auswirkungen auf Schulbereitschaft und schulischen Lernerfolg. *Frühe Bildung, 1,* 3–10. doi: 10.1026/2191-9186/a000019

Kany, W. & Schöler, H. (2010). *Fokus: Sprachdiagnostik. Leitfaden zur Sprachbestimmung im Kindergarten* (2., erweiterte Aufl.). Berlin: Cornelsen Scriptor.

Klicpera, C. & Gasteiger-Klicpera, B. (1993). *Lesen und Schreiben. Entwicklung und Schwierigkeiten.* Bern: Huber.

Knörzer, W., Grass, K. & Schumacher, E. (2007). *Den Anfang der Schulzeit pädagogisch gestalten: Studien- und Arbeitsbuch für den Anfangsunterricht.* Weinheim: Beltz.

Krajewski, K. & Ennemoser, M. (2013). Entwicklung und Diagnostik der Zahl-Größen-Verknüpfung zwischen 3 und 8 Jahren. In M. Hasselhorn, A. Heinze, W. Schneider & U. Trautwein (Hrsg.), *Diagnostik mathematischer Kompetenzen* (Tests & Trends N. F. Bd. 11, S. 41–45). Göttingen: Hogrefe.

Krebs, K., Ehm, J.-H. & Hasselhorn, M. (2012). „Runde Tische" im Projekt „Schulreifes Kind" *Frühe Bildung, 1,* 20–25.

Michaelis, R. (2005). *Entwicklung, Entwicklungsstörungen und Risikofaktoren im Säuglings- und Vorschulalter.* In C.P. Speer (Hrsg.), *Pädiatrie* (3., vollständig neu bearbeitete Aufl., S. 21–34). Heidelberg: Springer.

Ministerium für Kultus, Jugend und Sport Baden-Württemberg (2011). *Orientierungsplan für Bildung und Erziehung in baden-württembergischen Kindergärten und weiteren Kindertageseinrichtungen.*

Schneider, W. (2012). Die Relevanz früher phonologischer Bewusstheit für den späteren Schriftspracherwerb. *Frühe Bildung, 1,* 220–222. doi: 10.1026/2191-9186/a000065

Wagner, H., Ehm, J.-H. & Hasselhorn, M. (2010). „Schulreifes Kind". *Lehren und Lernen, 36,* 8–10.